生如曇花 你應當歡喜盛開

六祖惠能教你不憂鬱的活法

費勇——著

自序

讀懂《六祖壇經》，喚醒身心潛藏活力

很多人受到憂鬱折磨、侵擾。

憂鬱是現代社會很常見的心理狀態：覺得無形的壓力壓著自己；覺得生活像一張一張的網，束縛著自己；覺得前途渺茫、生命沒有意義等，心情很低落，好像沒有什麼辦法解決。有些人去旅行，有些人去購物，去看心理醫生，以上都不失為緩解的辦法。

如果你試過很多方法，還是高興不起來，我建議你不妨讀《六祖壇經》。

為什麼憂鬱的人應該讀《六祖壇經》？為什麼我們每一個人都應該讀《六祖壇經》？簡單地說，《六祖壇經》並非一本宗教書，而是一本關於思維方式的書、一本關於生活方式的書、一本關於創意的書、一本關於自由的書。《六祖壇經》談的不是怎麼樣去做佛教徒，不是怎麼樣去念佛，怎麼樣去讀經，而是告訴你如何覺悟，做一個徹底放鬆的人，做一個心靈自由的人。

《六祖壇經》講的頓悟，真正的含義是：你在任何一剎那，都應該回到最終的點上。什麼是最終的點呢？如果你是佛教徒，應該在任何一剎那，都不要忘了修行的根本目的是什麼，不要忘了佛的最終覺悟是什麼——當下領悟真相，即刻就停下來，讓你的習氣、你的貪欲停下來；讓自己的心性即刻顯現，即刻回到你自己。如果你是普通人，在任何一剎那，都不要忘了真正的目的地，不要停留在手段上。

《六祖壇經》提醒我們：不要困在各種形式裡。拜佛一定有什麼儀式嗎？不一定。重要的是你是否覺悟了。沿著《六祖壇經》的思路，你會發現世間的一切都不過形式，比如婚姻、工作等，只是我們忘了透過形式想達到的目的，所以形式成了生活的目的、成了壓力。如果你明白這些不過是形式，也許可以用遊戲的態度置身其間，然後發現，在煩囂困頓的世間，自己其實可以無礙而行。

《六祖壇經》的生活態度是一種遊戲的態度。為什麼美國的嬉皮士喜歡禪宗，而且把他們喜歡的禪師叫作「禪瘋子」，因為《六祖壇經》確立的禪宗，洋溢著自由的氣息和遊戲的喜樂。德國哲學家席勒（Friedrich von Schiller）說：「只有當人充分是人的時候，他才遊戲；只有當人遊戲的時候，他才完全是人。」所以，不妨遊戲、不妨瘋癲，在一本正經的環境裡，瘋癲能把你解救出來，能夠提升你的生命，能夠讓你像樣地活著。《六祖壇經》不認為一定要到深山隱居或者去寺廟修行，而是鼓勵你在生活裡修行。

有一個人問禪師：「和尚修道，是否用功？」

禪師回答：「用功。」

那個人又問：「怎麼用功呢？」

禪師回答：「餓了就吃飯，睏了就睡覺。」

那個人很疑惑：「世上的人都是這樣，難道他們也是像師父您這樣修行？」

禪師回答：「他們和我不同。」

那個人又問：「如何不同？」

禪師回答：「他們吃飯時不肯吃飯，忙碌來忙碌去；他們睡覺時不肯睡覺，計較來計較去。」

睏了就睡，餓了就吃，這是《六祖壇經》開創的禪宗修行態度。在另外的宗派裡，教導很確定的方法，比如每天什麼時候吃飯、吃多少，每天什麼時候睡覺、睡多久。這是修行、自律，慢慢可以達到一定的境界。

《六祖壇經》的思路，讓你覺得世間的一切規定都無足輕重，讓你覺得生命每個瞬間都不應該等待、不應該苦熬，而是自由的。這是我理解《六祖壇經》所講的頓悟真義：每個剎那都是完成。在每個剎那做什麼不重要，重要的是有覺悟的心。覺悟的心就是不去分別這、分別那的心；覺悟的心就是喜樂的心。

不妨讀《六祖壇經》，看看是否有一扇自由的門，一直向你敞開，只要你輕輕打開，生命就永遠在喜樂之中，將發現一個全新的自己：樂觀自信，活力十足！

目錄

第四課　不要刻意控制念頭，也不要被念頭牽著走

第六課　遇見無牽無掛的六祖惠能

第二部分　《六祖壇經》原文及優美白話譯文

學前課

十六分鐘讀懂《六祖壇經》的來龍去脈

《六祖壇經》：禪宗至高經典

《六祖壇經》是唯一出自中國人的佛經，是佛教唯一一部以中文寫成的經書。

為什麼叫《壇經》呢？壇，意思是土壘的高臺；在佛教裡有兩個含義，一指戒壇，就是出家人受戒的地方；二指道場，梵文音「曼荼羅」，是做法事時供奉菩薩、佛的地方。惠能（又作慧能）在韶州的大梵寺講法、做法事，他坐的地方就叫「壇」或「壇場」。他的弟子法海把他的言論記錄成冊，這本冊子就是《壇經》。

在很長一段時間裡，《壇經》沒有被印刷成書，而是手抄本，沒有被廣泛流傳，只在宗門裡祕密傳授，是惠能開創的南宗法脈的傳承信物。

《壇經》最後一段說：「如果要託付這部佛法，一定要有上等的智慧，並且誠心向佛、慈悲為懷。秉持這部經書作為傳承，到現在沒有斷絕。」

因為長期手抄流傳，所以《壇經》有不少版本，比較有名的如宗寶本，在明代形成，也一度是最盛行的版本；再比如敦煌本，是二十世紀上半葉中國和日本的學者在大英博物館和敦煌發現的。由於敦煌本的發現，人們意識到《壇經》在傳播的過程裡有不少增減，形成了不同版本，並相信一定存在著更原始的版本。不過，到目前為止，最早的仍然是敦煌本，更原始的版本在時間的河流裡沉默著。

佛教史學者楊曾文先生在《敦煌新本六祖壇經》（上海古籍出版社，一九九三年）裡，對於已發現的各種版本做了簡單梳理。第一，《壇經》祖本，也稱法海經本，大約在西元七一三年到七三二年左右形成。第二，敦煌本經本，大約在西元七三三年到八〇一年之間形成。第三，惠昕本，西元九六七年惠昕的改編本。第四，契嵩本，西元一〇五六年形成。第五，德異本和曹溪經本，刊印於西元一二九〇年。第六，宗寶本，成書於西元一二九一年。

《壇經》版本的流傳，以及對於最初版本的追尋，幾乎可以寫成一部懸疑長篇小說，也可以寫很多大部頭的學術著作，沒完沒了地探究下去。不過，這是作家和學者的工作，對於我們普通人而言，如美國作家比爾·波特（Bill Porter）所說：「糾纏這樣的問題，還不如種種花，或喝一杯茶。」

雖然《壇經》版本眾多，而且有不少差異，但基本屬於細節的差異，整體內容還是相同的。不論哪個版本，大概都分為三個部分，第一部分是惠能在大梵寺「說摩訶般若波羅蜜法，授無相戒」，這個部分是《壇經》的主體，惠能思想的獨特性都體現在此。這一部分在不同的版本裡，變化最少。第二部分是惠能講述自己的經歷，各個版本的差別也不大。第三部分是惠能和一些弟子之間的對話，以及臨終咐囑、禪宗法脈等，這一部分在不同的版本變化最多。一般認為第一部分和第二部分是惠能講法的記錄，記錄人是弟子法海。第三部分應該有很多添加的內容。

《壇經》是印度佛教在中國本土化的標誌，意味著中國在印度佛教的影響下形成了自己的佛教傳統——禪宗。禪宗後來流傳到日本、朝鮮，成為東亞佛教的主流。《壇經》開啟了禪宗的傳統，在今天已經遍及歐美各地，成為現代人解決心理問題最有效的思想資源之一。

惠能頓悟的傳奇經歷

《壇經》的特別之處在於它出自中國蠻荒之地的一個樵夫，一個目不識丁的文盲，在人類思想史上可能是唯一的。

有重大影響的經典居然出自一個文盲？胡適先生在二十世紀三〇年代初，提出了驚人的看法：《壇經》並非惠能的作品，真正的作者是惠能的弟子神會。胡適的觀點引發了一場至今沒有完成的學術爭論，絕大多數人一方面承認《壇經》在流傳的過程裡，不斷被改寫、增減，有些內容甚至如印順法師所言：「是出於宗教的需要，不足為信。」另一方面，又堅信《壇經》基本上仍是惠能思想的體現，不論有多少個版本，它的核心並沒有改變，同樣，它的價值也不會改變。

惠能到底是怎樣的人？留下來的資料並不多。從有限的資料裡，大概可以知道他的一生活得非常簡單。

西元六三八年，也就是唐貞觀十二年，惠能出生在廣東新興，當時叫新州。他的父親姓盧，本來是范陽人（今河北境內），不知道犯了什麼過失，不僅丟了官職，而且被流放到嶺南。惠能很小的時候，父親就去世了。他和母親流落到南海，相依為命，靠賣柴維持生計，飽嘗人情冷暖。

有一天，他給客人送柴時，無意中聽到有人讀《金剛經》。他一聽，如遭電擊，好像明白了什麼，問客人在哪裡能夠學習到《金剛經》裡講的道理。客人告訴他在黃梅的馮茂山有一位弘忍禪師，座下有成千的弟子。於是，惠能立即辭別老母，一路往黃梅去求法。以上是《壇經》裡的記述。在另一本文獻裡講他聽了《金剛經》後，起了學習佛法的心願，直到母親去世，他才離開家鄉，踏上修行的道路。

惠能先是到了曹溪（今廣東曲江縣境內），在那裡結識了同樣學習佛法的劉志略，並結為兄弟。劉志略的姑媽是個尼姑，叫無盡藏，在當地的山澗寺出家。惠能白天和劉志略一起勞動，晚上就到山澗寺聽無盡藏誦讀《大涅槃經》。惠能聽經時，常常說出自己的感悟。無盡藏覺得惠能的見解獨到而深刻，但想到他一個字都不認識，不解他怎麼能理解經文的意思。

惠能對她說：「佛性之理論，非關文字能解。今不識文字何怪？」佛的道理並不是文字能解釋的，而要靠自己領悟，所以，不識字而能明白佛理又有什麼奇怪呢？

惠能在曹溪期間，據說曾到寶林寺學習了大約三年時間；然後，聽說樂昌有位遠禪師在石窟裡修行，便前去請教，向他學習坐禪；又到附近的惠紀禪師那裡，聽他念《頭陀經》；然而，他們的方法都不能讓惠能滿足，於是他下決心前往黃梅，看看從弘忍禪師那兒是否能學到真正的解脫法門。

西元六七四年，三十七歲的惠能翻山越嶺、長途跋涉，一個人徒步到了黃梅的馮茂山。那時候，五祖弘忍的門下已有近千名信徒。按照《壇經》記載，一開始，弘忍好像不怎麼看得起惠能，他想：一個蠻荒之地的小子，到這裡做什麼呢？

弘忍問惠能：「你是哪裡人啊？為什麼要來禮拜我？想從我這裡學到什麼呢？」

惠能回答：「弟子是嶺南人，新州的小百姓，大老遠地到您這兒，不求什麼，只求成佛的方法。」

弘忍說：「你是嶺南那邊的人，又是個蠻子，怎麼能學習成佛的方法呢？」

惠能回答：「人有南北的分別，但佛性並沒有南北的分別。蠻子的身貌與和尚的身貌不同，但佛性又有什麼不同呢？」

弘忍聽了，覺得惠能不是等閒之輩，但有意思的是，他安排惠能去碓坊打雜，一做就是八個多月。

有一天，弘忍突然對弟子說要選擇接班人。怎麼選呢？不是指定，而是考試。如果自認已經有所覺悟了，就寫一首偈呈上來。他會根據偈來確定接班人。結果，大家都等著神秀寫偈，因為他是弟子裡公認最聰慧的。

神秀只好寫了一首偈：

身是菩提樹，心如明鏡臺。

時時勤拂拭，莫使惹塵埃。

惠能看到這首偈，覺得不過癮，就自己做了兩首，請人寫在牆壁上。

菩提本無樹，明鏡亦非臺。
本來無一物，何處惹塵埃。

心是菩提樹，身是明鏡臺。
明鏡本清淨，何處染塵埃。

和神秀的中規中矩相比，惠能的偈一下子把人帶到了廣闊自由的境界，是顛覆性的思考方式。弘忍看了以後，知道惠能已經徹底覺悟，便悄悄地把衣缽傳了給他，並要他連夜離開黃梅，往嶺南方向去。果然，弘忍其他的弟子不服惠能，有些甚至一路追趕，想搶回衣缽。

到了嶺南，惠能回到新興、懷集、四會一帶，隱居在山林裡，和獵人為伍。這段避世的生活，一說是十六年，也有說法是三年。

武則天恭請惠能講授佛法

西元六七六年，惠能到了廣州的法性寺（現在的光孝寺），正式剃度出家。在法性寺時，發生有名的「風動還是幡動」故事。

那一天是正月十五，寺裡懸上了幡。在夜晚的月光裡，幾個和尚看到幡在風裡飄蕩，便議論起：「到底是風動？還是幡動？」有和尚說幡沒有生命，當然是風在動；有和尚說幡沒有生命，風也沒有生命，是因緣和合的緣故讓它們一起動；也有和尚說只見到幡動。眾人各執一詞。

惠能在旁聽了，大聲說：「風幡都沒有動，是你們的心在動，是你們的妄想在動。」一下子就讓大家豁然開朗。

在法性寺出家不久，惠能就到了曹溪，就是現在韶關一帶，在那裡的寶林寺和大梵寺弘法，向弟子和一般民眾宣揚自己修佛的方法。

據《曹溪大師別傳》記載，惠能最初弘法，對聽講的人說：「我有法，無名無字，無眼無耳，無身無意，無言無示，無頭無尾，無內無外，亦無中間，不去不來，非青黃赤白黑，非有非無，非因非果。」

惠能說的是佛性。佛性難以用文字表達，所以他用了一連串的「無」和「非」，就像前面那首詩，一下子全部否定「本來無一物」。不是這個也不是那個，不是有也不是無，那麼是什麼呢？把習慣語言文字思維的人逼到絕處，然後恍然大悟。惠能的這種方法是用文字來質疑文字，用文字來開啟文字無法表達的那扇門。這就是惠能開創的「頓教」法門，後來成為禪宗獨具的風格。

《壇經》記錄的就是惠能在曹溪講授的佛法。惠能在曹溪二十多年，到了晚年，名聲已遠播京城。嶺南在中國古代一直是化外之地（指政令教化達不到的偏遠地區），惠能的出現，可能讓嶺南第一次，也是唯一一次成為文化中心。大約在八世紀初，武則天和唐中宗先後兩次派使者到曹溪，恭請惠能到京城的皇宮裡講授佛法。惠能都以身體不好為由婉辭。

西元七〇五年，使者薛簡回京城之前，請求惠能傳授坐禪的心法，以便回去對皇帝有所交代。惠能從《金剛經》裡「若人言如來若坐若臥，是人不解我所說義」講起，講了「不生不滅」的道理，讓薛簡明白：「佛性本自有之……今日始知至道不遙，行之即是；今日始知涅槃不遠，觸目菩提；今日始知佛性不念善惡，無思無念，無知無作不住；今日始知佛性常恆不變，不為諸惑所遷。」

惠能為薛簡傳授的坐禪心法，大意是坐禪的重點不在於坐，靠坐，坐不成佛，而要靠覺悟、靠行動，只要不造作就能成佛。

怎樣叫不造作呢？就是在日常生活裡好好生活，但不要起心求這、求那，也不起心分別這、分別那。就這樣好好地活著，花開花落地活著，陰天晴天地活著就可以了。你不需要離開塵世去生活，專門找什麼佛性、寂靜，專門去找一定找不到。

西元七一二年，惠能回到故鄉新州的國恩寺。

西元七一三年八月三日，惠能在國恩寺去世，享年七十六歲。十一月，他的遺體被運到曹溪。

惠能的弟子據說有幾千人，有名的弟子如法海、志誠、法達、智常、志通、法如、神會等，還有歷史上非常著名的禪師青原行思、南嶽懷讓、南陽慧忠等，都曾向惠能學習禪法。

《壇經》到底講了什麼？

在惠能之前以及同時代，有不少中國禪師對於佛法有自己的思考，也有著作留存下來。但是，為什麼只有惠能的《壇經》成了經典？為什麼唐代後期到宋代，其他禪的流派都衰落了，慢慢被人遺忘了，而《壇經》所開創的南宗卻傳播愈來愈廣，漸漸成為中國禪宗的代表？

《壇經》到底講了什麼特別的道理，能夠吸引中國的文人學者，還有一般學佛的人？很多人會不假思索地回答：「因為惠能《壇經》提倡頓悟，沒有印度佛教那套繁瑣的修行過程，所以深得中國人喜愛。」

這個回答不能說對，也不能說錯。說對，緣於《壇經》確實確立了一種非常簡單的修行方法，讓普通人不再對佛教望而生畏；說錯，是因為《壇經》的獨特方法並非頓悟。如果你以為神秀的辦法是按照規則一步一步地修行、把塵埃去掉，最終達到徹底的清淨；而惠能的辦法是一下子就覺悟，達到徹底的清淨，如此就完全誤解了惠能的本意。

頓悟不是惠能獨創，佛陀當年在菩提樹下證悟就是頓悟，而惠能之前的中國禪師道生，也專門討論並宣導過頓悟。惠能的獨特不在於頓悟，而在於提倡「定慧等一」。他和神秀的區別並非修行時間的長短，時間的長或短，不過是形式上的東西，形式上的東西正是惠能摒棄的。

我們回顧神秀的偈：「身是菩提樹，心如明鏡臺。時時勤拂拭，莫使惹塵埃。」這個偈講的修行方法和惠能的偈講的方法，到底有什麼不同？我們用兩個故事來說明。

第一個故事來自印度。有個國王想讓一個人當宰相，但不知道他能否勝任，於是設法考驗他。怎麼考驗呢？讓士兵把他抓起來，在他的頭上放了一罐滾燙的油，對他說：「只要能夠頂著這罐油，走完整個市區，就可以活命，如果濺出一滴油或倒了出來，就立即處死。」那個人頭上頂著油，覺得這是一件不可能完成的事，但轉念一想，反正都是一死，不如放下恐懼，專心於油罐，一路走去。

士兵通知了那個人的家屬，家屬們趕來，哭哭啼啼，但那個人完全專注於油罐，只專心走自己的路；又來了一堆人，大聲議論路上有一個美女多麼漂亮，但那個人還是一心走自己的路；又有大象瘋狂亂闖，街上的人到處逃竄，那個人還是不為所動，心思集中在油罐上走自己的路。終於走到了終點，當了宰相。

第二個故事來自中國。講一個老賊的兒子希望父親把偷竊的本事傳授給他。老賊當天晚上就帶著兒子潛進一戶富豪的住處，他很輕巧地開了窗戶，一下子就竄到放貴重物品的房間，很快打開一個櫃子，讓兒子進去看看。兒子一進去，老賊就把櫃子鎖上，並大喊一聲「有賊」，然後一溜煙跑掉了。

那家人驚醒，起來到處找賊。櫃子裡的兒子嚇得渾身發抖，心想這下死定了。一轉念，反正是死，與其坐以待斃，不如拚死一搏。於是，兒子假裝老鼠咬衣服的聲音，引來一個丫鬟打開櫃子。剛打開，他就跳了起來，一掌打翻丫鬟手上的油燈，迅速跳出窗外，往院子裡逃。十幾個傭人追趕上來，兒子心生一計，拿起一塊石頭扔進井中，追的人以為他掉進井裡，都圍到了井邊。

兒子回到家，發現父親正悠哉地喝酒，兒子不禁責問：「老爸你為什麼要害我？」老賊一臉無辜地說：「兒子啊！我怎麼會害你呢？今晚我不是把最好的方法都教給你了嗎？而且你也已經學到了，從今以後，可以獨立行動了。」兒子一聽，恍然大悟，連聲感謝父親。

胡適曾說這兩個故事顯示了印度禪和中國禪的區別。在我看來，這兩個故事也顯示了神秀和惠能的偈的區別。

神秀的偈表明他的修行還是印度禪的方式，而惠能已然是一種新的方向，成為中國禪形成的標誌。當然，兩者區別並非像胡適說的，第一個故事強調「定」，第二個故事強調「慧」。

實際上，印度禪、中國禪都遵循佛陀教誨，修行的基本途徑是「戒、定、慧」，並沒有只強調某一個而忽視其他，區別在於神秀的偈以及第一個故事，強調的是按部就班，按照一個過程漸漸到達目標，戒了就能定，定了就能生慧。第一個故事中，主角在面對死亡的情況下，專注於頭上的油罐，一步一步排除雜念，先排除親情，然後排除美色干擾，最後一無掛礙，自在地走到終點。在到處都是障礙的世間，如果一步一步修行戒、定、慧，就可以自在地生活。

就像神秀的偈所寫，身心本來都很清淨，不過被塵世汙染了，所以要慢慢地擦掉那些塵埃，讓清淨顯現。這種方法其實並沒有錯，但是存在一個流弊——有些修行者在一步一步修行時，忘了修行的本義，而專注於形式。惠能一定是看到了這種流弊，所以他的偈就像第二個故事，強調戒、定、慧三者同樣重要，是整體的，不能簡單地割裂開來。

神秀的偈和惠能的偈，區別在於前者把修行看成程式，要一步一步達到徹底的覺悟；而後者把修行看成整體，從一開始就有徹底的覺悟。

第一個故事也好，第二個故事也罷，神秀的偈也好，惠能的偈也罷，都想從沒有辦法中想出辦法，都想在混亂的、充滿無數束縛的世間，找到自由行走的路。第一個故事和神秀的偈，是要用一種固定的法去找到辦法，而第二個故事和惠能的偈，是要用「法無定法」的法去找到辦法。

我們可以說，印度禪強調的是方法，透過一定的方法徹底覺悟；而中國禪強調沒有一定的方法，必須從頭至尾有徹底的覺悟。惠能的《壇經》帶來徹底自由的氣息，無視世間一切形式。

什麼才是真正的「禪」？

《壇經》裡有一段寫惠能和志誠的對話。志誠原來是神秀的弟子，惠能問他神秀怎麼教戒、定、慧，志誠回答：「神秀師父說：『不做任何惡事就叫戒，凡是善的就去做叫慧，清淨自己的心意叫定。』」

惠能對志誠說：神秀所說的戒、定、慧適合悟性不是特別高的人；對於悟性高的人來說，心裡面沒有是是非非的糾纏分別就是戒，心裡沒有迷亂自性就處於定的狀態，心裡沒有愚癡自性就處於慧的境地。如果悟到了自己的本性，其實就不必再立什麼戒、定、慧了。

向大眾說法的時候，惠能反覆強調：如果坐禪講究坐的姿勢，想透過坐禪追求平靜和清淨都是錯誤的。在他看來，並非一動不動地坐在那裡就是坐了，而是一切圓融無礙，任何形形色色都不能引起妄念，才是真正的「坐」；顯現自己的本性，不迷亂，才是真正的「禪」。又引用《菩薩經》的說法：「戒本源自性清淨。」

戒的真正含義是清淨的本性。這是《壇經》最有革命性的一點：一切的形式都無足輕重，重要的是內心的覺悟。如果內心覺悟了，不管什麼形式都是有效的；如果內心沒有覺悟，不管什麼形式都無效。惠能認為透過打坐或別的形式想達到覺悟是本末倒置，應該反過來，覺悟了再透過某種形式使覺悟不再退轉。

有些人表面在安靜地打坐，但心裡卻東想西想，一會兒想著怎麼搞垮自己的對手，一會兒想著怎麼賺大錢，諸如此類，這樣的打坐有什麼意義呢？

又有些人表面看來很虔誠，不吃肉、不吃魚、不殺生，也不惡語，好像所做的都符合戒律，但心裡卻胡思亂想，一會兒覺得某個人不如自己有佛性，一會兒覺得某個人很漂亮，諸如此類，這樣的戒又有什麼意義呢？

又有些人在家裡、辦公室裡供了佛像，天天燒香拜佛，還時不時去廟裡捐錢、跪拜，但在燒香拜佛時，心裡想的是佛祖保佑我升官發財；燒香拜佛之後，去做的是傷天害理的事。這樣供奉佛像、燒香拜佛又有什麼用處呢？

惠能並不反對形式，也不反對各種戒律、各種禪定的方法，他反對的是只做形式的工夫，而不從心性上下工夫；他反對只在表面上做工夫，而不從根本去轉變。惠能要求的是徹底的修行、徹底的生活。這不一定要離開世俗，不一定要去寺廟或深山裡，而是在世俗的日常裡就可以徹底修行。《壇經》裡反覆強調：「一行三昧者，於一切處行住坐臥，常行一直心是也。」意思是在日常生活裡，不論做任何事都要保持一顆真如的心、一顆覺悟的心。

《壇經》最富革命性的第二點：修行不一定要出家，不一定要有什麼禮法規矩，而是要在日常生活裡保持覺悟的心，活在此時此刻，活得心安理得。《壇經》開啟了禪宗在日常生活裡修行的傳統。惠能說得很明白，想要修行，不一定非要出家當和尚，在家裡也可以修行。如果出家人在廟裡卻心懷惡念，那麼，他就還是「在家」裡；如果俗眾在家裡心懷善念，那麼，他就已經「出家」了。

一句話，不要被世間的形式阻礙了覺悟的道路。

禪，源於一個很優美的動作

談惠能、談《壇經》，離不開禪宗這個概念。「禪」字在漢語裡，意為單衣，佛教裡的「禪」，是梵文dhyana的漢語音譯，稱為「禪那」，簡稱「禪」。梵文的意思不過是指沉思和靜觀，是佛教裡的修行方法。在惠能《壇經》之後，禪的含義有所變化，顯然不只指靜修的方法，更是一種思維方式、生活態度。

《壇經》開創的禪宗有很特別的風格，完全沒有一般宗教的神聖氣息，而充滿了日常生活的生動和活潑。所以，禪宗很難歸類，不像宗教那樣十分注重形式，也不像哲學著重思辨。禪宗有點像行為藝術，一切都由細小而含義深遠的行動或片語隻言構成。或者，禪宗更像一種富有創意的生活態度和生活方式。

《壇經》確立的中國禪宗輕視文字，認為真理是不可言說的，語言常常是我們通向真理的障礙。所以，後來的禪師在回答「什麼是佛法大義」之類的問題時，絕不會做文字的演繹，一定會回答一個無厘頭的答案，比如「麻三斤」。

唐代時，僧問洞山良價禪師：「如何是佛？」禪師正好在稱量胡麻，就順口答道：「麻三斤。」麻三斤正是當時禪師眼前之物，他這麼回答，用以表示佛法的真實，意為身旁無論何物均是佛法，目的是想引導發問者離開語言的軌道，轉向語言之外的廣闊道路。

中國禪宗敘述禪宗源流，雖然也追溯到印度佛陀，但著眼點已經完全「中國禪宗化」了。

比如，在中國禪師的描述裡，禪，源於一個很優美的動作——拈花微笑。

據說當年在靈鷲山上，有信徒獻給佛陀一枝金波羅花，請求佛陀開示成佛的方法。佛陀在座位上只是拿著這朵花讓下面的聽眾看，沒有人知道佛陀的意思，只有大迦葉會心一笑。於是，佛陀對大家說：「我有得見妙法之眼，即是涅槃，是心，是實有和非實有之奧祕，是文字不能表達，也是一切教規無法抵達的，所以這種法的傳授不依靠文字，不借助教派的規矩。現在我就這樣將它傳給大迦葉。」

「不立文字，教外別傳」成為中國禪宗代代相傳的基本經則。據《壇經》的說法，佛陀之前還有六位佛，佛陀是第七位。佛陀以拈花的方式將禪的心法傳給了大迦葉，大迦葉又以什麼方式傳給阿難呢？

有一次，阿難問大迦葉：「除了衣缽之外，您從佛陀那裡還接受了什麼呢？」阿難實際是想問：「佛法大義是什麼？」大迦葉看著阿難，用很大的聲音叫了一聲：「阿難！」阿難馬上應答：「老師，我在這兒啊。」大迦葉又說了一句：「你能不能把門口的旗桿放下來？」大迦葉話音剛落，阿難就覺得有一道光穿過心裡，突然明白大迦葉第一次喊自己，是在提示不要執著於文字語言，要從文字語言之外去看見答案。第二次說的話是提示自己要把心裡的各種成見、概念都清空。大迦葉就這樣把禪的心法傳給了阿難。

《壇經》在阿難之後，列了二十六位印度的祖師，加上大迦葉和阿難，共有二十八位印度祖師，最後一位是菩提達摩，同時也是中國禪宗的祖師。

菩提達摩當年到中國，在少林寺面壁九年。神光去向他求教，他不予理會，神光就斷了自己的手臂。達摩問他想求什麼，神光回答：「很多年來一直想讓我的心安定下來，卻一直沒有辦法做到，請尊者為我安心。」達摩回答：「心在哪裡呢？你拿來我就為你把心安好。」神光說：「我的困難就在於一直找不到我的心。」達摩回答：「就在那裡，我已經為你安好了。」神光一聽就覺悟了。神光成了達摩的弟子，改名慧可。後來達摩把衣缽傳給慧可，慧可又傳給僧璨，僧璨傳給道信，道信傳給弘忍，弘忍傳給惠能。

這是惠能的南宗成為禪宗主流後建立起來的歷史。有意思的是，到了惠能，衣缽沒有再傳下去，因為惠能強調「一切自看」，強調直接見性，非常輕視形式，所以，宗派的儀式變得很薄弱，很難有統一的教主，反而出現一個一個活躍的禪師。

傳統的祖師到惠能為止，是一個終結，又是一個開始。

好事壞事，都會過去

《壇經》開創了一種自由的個人修行風格，是對於印度禪過於重視形式和過程的矯正。

但是，我們不要忘了，惠能並沒有否定神秀的偈，沒有否定傳統的印度禪，他只是認為神秀的方法適合悟性不高的人，而自己的方法適合悟性高的人。

對於悟性高的人來說，確實有可能「酒肉穿腸過，佛性心中存」，但後來的流弊是，人們記住了「酒肉穿腸過」，而忘了「佛性心中存」。忘了「佛性心中存」是一個前提，只有在此情況下，你才能「酒肉穿腸過」。而有趣的是，如果真的「佛性心中存」，也就不會「酒肉穿腸過」了。

如果你覺悟了，如果你的佛性顯現了，做什麼事都可以；但另一方面，如果你覺悟了，如果你的佛性顯現了，就什麼都不會去做了。這裡的言外之意，在實際的生活裡很難考量，只是每個人「冷暖自知」。所以，《壇經》開創的禪宗，到後來有很多流弊，有很多野狐禪，有很多流派故弄玄虛，或粗鄙放縱。

我第一次閱讀《壇經》是在三十多年前。根據自己的讀經心得和切身體會，我曾寫了這樣一段話：「剎那之間，十多年過去了，再好的事過去了，再壞的事也過去了。彷彿鳥兒飛過天空，沒有留下一絲痕跡。」其實，不說十多年，就說人的一生，甚至人類千萬年的漫長歷史，如果放在宇宙間觀察，也不過彈指一瞬間。所以，惠能才會說：「本來無一物。」

如果我們在事情發生當下，就能覺知到無常背後那安靜的空無，那麼事情還會多嚴重呢？確實，天下本無事，庸人自擾之。

一切都在自己。

第一部分

不憂鬱的活法：《六祖壇經》修心課

第一課

大字不識一個，惠能頓悟成佛

從習慣的軌道上逸出並不是一件容易的事。

許多人厭惡自己的現狀，一旦真要捨棄，卻會患得患失、優柔寡斷，結果一生都在悔恨、焦慮、憂鬱中糾纏不已。

賣柴為生的禪宗祖師

惠能的父親去世後，他與母親移居到南海（廣州），因家道落魄，靠賣柴為生。一天，送柴時聽到有人誦讀《金剛經》，那人說是從黃梅弘忍和尚那裡得來的。惠能聽了以後，辭別母親，前往黃梅，禮拜弘忍和尚。

關於這個故事另有一些版本，增添了客人送銀十兩或百兩給惠能，讓他安頓好母親後才走的情節。印順法師說這樣增補是為顧及中國的孝道，但這個細節引發出疑惑：釋迦牟尼、惠能、弘一法師等一旦覺悟，就拋開家庭不管，是不是沒承擔應有的責任？

不過，這種疑惑大概只是普通人的疑惑，尤其是信奉「父母在不遠遊，遊必有方（一定的去處）」的人。對於聖者或覺悟者而言，完全從世俗生活之外的層面來理解實踐孝道的責任。也許，這不是什麼問題。

這段敘述的魅力在於以漫不經心的語調，道出人一生中最重大的轉折。我們出生以後就納入了體制，如果不發生什麼意外的事，一輩子就這麼過了，活著就是沿著社會所設計的軌道前行，重複無數前人與同時代人所走過的或正在走的路，很少有生命能夠煥發出獨一無二的光芒。

如果沒有與《金剛經》相遇，惠能的一生就在偏僻的嶺南度過，只是無數個賣柴人之中的一個，悄無聲息。然而，那一天好像冥冥中註定似的，恰好他聽到了別人誦讀佛的經典。這是一種機緣，並非人人都能遇到。但是，機緣只為生命提供了拓展的可能性，卻沒有改變生命的質地。如果《金剛經》對惠能沒有任何觸動，這個機緣就隨風而逝，毫無意義。又或者惠能聽到後有所觸動，覺得只為謀生、算計的生活沒有靈性，應當尋找最終極的活法，但是他想到賣柴的生意剛開始興旺、想到母親會不會寂寞、想到路途遙遠等，就打消了尋求佛法的念頭，繼續做賣柴生意，那麼這個機緣只是稍稍激起了一點漣漪，旋即就又恢復到一潭靜水的日常狀態。

惠能的偉大不僅在於他天才的領悟力，更在於他決然割捨的勇氣和行動力。

所有偉大的人物，乃至一般所謂的成功人士，都具備這樣的特質：知道自己真正想要的是什麼，也知道自己能夠做什麼，然後，全神貫注地做自己所喜歡的。因為是自己所喜歡的，所以無論結果怎樣，都是一種歡喜。

當那片刻，惠能聽到了《金剛經》，那些文字像是敲在他的靈魂上，激發起他積澱已久的沉思與期待。這時，一切變得那麼明晰，他立即明白自己這一生要做的是什麼，然後毫不猶豫地離棄塵俗的一切，朝著北方走，展開另一種生命。

做自己喜歡的，喜歡自己做的

我想再談談惠能聽到《金剛經》就覺悟的事。惠能在大梵寺講法的時候，已經是一位高僧，但他對自己曾經只是一個打柴的樵夫，一點也不隱諱。他打柴的時候，就好好做打柴這件事，沒有一點不滿或抱怨。然後某一天因著某個機緣，聽到別人念金剛經，發現在打柴之外有一種活法，那才是他想要的，就毫不猶豫地北上，去做一個修行者。

這就是惠能，打柴時好好打柴，發現了自己喜歡的，就立即去做。很多人之所以憂鬱，是因為不能義無反顧地去做喜歡的事，於是活在糾結之中、活在分裂的自我之中。明明正在做這件事，卻覺得有另一個我在遠處召喚。總是不能喜歡當下的那個我。

這是經常發生的情況，比如，一個年輕人在大學畢業後，按照社會的要求找到了好的工作。但是在隨後的生活裡，他卻愈活愈壓抑，愈活愈無趣。為什麼會這樣呢？因為他在選擇工作時，只是找一份社會認定的好工作，卻沒有好好問自己到底喜歡什麼。人要找的不應該是所謂好的工作，而應該找適合自己的事情做。如果你找到了適合做一輩子的事情，那麼一輩子都不可能憂鬱。

年輕人找到了所謂好的工作，但很快就發現這不是自己想要的生活，但有機會改變的時候，總有許多理由讓他難以改變。結果，就這樣一直活在自己不喜歡的事情裡，活在無法逃離的牢籠裡。

實際上，這個世界並沒有牢籠，所有的牢籠都是自己製造的。如果惠能也像很多人那樣，總是覺得要實際一點，那麼他在決定北上求法時，會有多不勝數的理由讓他放棄念頭。比如，照顧老母親、沒有路費，僅僅這兩點就足以讓大多數人打消心念。但是，惠能的頭腦裡沒有現實的考慮，只是很自然地聽從內心的召喚，聽到那個召喚，他就跨出去。一旦跨出就會愈走愈寬敞，因為你走在自己的道路上。如果仔細觀察，你會發現按照社會規範的方向走，開始的時候會很順利，但愈走愈狹隘，因為你走在別人的道路上。

生如曇花，你應當歡喜盛開，應當去喜歡你的人那裡，做你喜歡的事，走你喜歡的路。如果那個人不喜歡你，遠遠地離開他；如果你不喜歡那個人，遠遠地離開他。我們終將死亡，所以，此刻多麼美好。不論你在做什麼，都抱著歡喜的心。如果有自己喜歡的事，不必猶豫、不必計較，即刻去做，這就是惠能的態度，這種態度會讓人遠離憂鬱的情緒。

率直是最完美的處世藝術

弘忍見到惠能這個來自蠻荒之地的樵夫，問他：「你是什麼地方人？到這裡禮拜，想從我這裡學到什麼？」

惠能回答：「弟子是嶺南新州人，大老遠地來向您禮拜，不求別的，只求作佛。」

沒想到弘忍大師輕蔑地說：「你是嶺南人，是個沒有開化的蠻子，怎麼能夠作佛呢？」惠能當即反駁：「人雖然有南北的分別，但佛性並無南北之分；我這個蠻子雖然與您長得不太一樣，但佛性又有什麼差別呢？」

弘忍非常讚賞他的回答，不過是在考察惠能是否有慧根罷了。

惠能的回答之所以得到重視，不完全因為所言正好與弘忍相契合，還因為他率直的態度——在一位享有盛名的大師面前，自然地表達心中所想。

率直是最完美的處世藝術。

如果我們只是做回自己，還需要什麼公關之類的粉飾？以弘忍的地位，一定習慣了膜拜與奉承，惠能率真的駁詰，大概令他眼前一亮。處於高處的人其實大多寂寞，是缺乏知音或對手的寂寞。這個蠻子居然能非常透徹明白地說出對於佛性論的見解，弘忍一定覺得遇到了一個能夠與自己對話的人。

不過，禪的做法是深藏不露與平平淡淡。弘忍沒有特別對待惠能，而是派他去做粗雜的活。佛性遍於最平凡的日常生活，遍於一切眾生。這個理念現在已經成了常識，但大多數人只是口頭說說而已，能夠領悟的人不多，而領悟了又能去親證的少之又少。

大多數時候，我們的迷亂或煩惱都是因為被各種成見束縛而不自覺。關於成功與失敗、關於貧與富等，我們容易在差異間掙扎，又常常把差異絕對化，變成不假思索的常識，而恰恰是這些常識囚禁了生命的自然成長，壓抑了本來具足的廣闊與喜悅。

差異只是幻象，常常激起我們的不安與混亂，只有容納差異後掌握到的普遍性，能引導我們進入澄明與寧靜。

天上的雲彩繽紛，形姿各異，我們以為天空有不同的形與色；但是，如果穿過雲層就會發現，在雲之上，是一個沒有形色的宇宙，既沒有上下之分，也沒有東西南北之分，更無大小之分，浩浩茫茫，無始無終。所以，聖者經常提醒我們：腳踏大地的時候，不要忘了頭上的天空。

鬱鬱而終的智士

惠能是一個文盲。對於中國文化產生莫大影響的人居然是文盲，在許多人看來是不可思議的，有人認為這只不過是誇大的傳說。一個文盲成為文化史上里程碑式的人物，在古今中外並不多見，我所能想到的似乎只有惠能一人。

我並不懷疑這種說法的真實性，無論在《壇經》裡，還是在其他傳記裡，都提到惠能不識字。

從兩方面來理解這個事實：首先，在惠能那個時代，教育並不普及，大多數人都是程度不同的文盲。因而，惠能不識字有其時代性。其次，也是最重要的一點，人們之所以無法接受文盲惠能，是因為預存了一種常識性的看法：文字即知識，文字即智慧。然而，文字與知識、智慧之間，並無必然聯繫。

當尼姑無盡藏覺得奇怪，問：「字都不識，怎麼能明白意義呢？」

惠能回答：「佛的妙理和文字沒有關係。」

在文字這種媒介誕生之前，人類已經存在了數千萬年，藉口耳相傳延續著知識、智慧。一個識字的人當然比不識字的人更容易獲得知識，但不一定更有智慧。知識是客觀存在的資訊，一堆未經處理的素材；而智慧則是一種能力，一種穿透現象直抵本質的能力。有些人非常博學，但一生只是學究，只像蚯蚓在小小的瓶中糾纏、打轉，儲存了許多資訊，卻沒成就一種生命、一種人格。

我聽說過這樣一則故事：

一位富翁要外出遠遊，請了一位「智士」來住他的豪宅，並讓所有的傭人聽從智士的調遣。智士從未見過如此豪華的住宅，非常歡喜，心想接下來幾天要好好享受。不一會兒，他去廁所小解，見到廁所有點局促，便召來工人把廁所改造得更大。結果，接下來的時間，他完全糾纏在廁所工程裡，忙得蓬頭垢面、廢寢忘食。

快到過年的時候，廁所尚未改造好，而富翁卻已經回到家了。智士若有所失對富翁說：「自從你出去後，我每天埋頭廁所工程，完全沒有去享受這所華麗的宅邸，那些花、草、竹子、北榭南樓的風與月都未及觀賞，不想歲月如飛，你一下子就回來了，而我也得離開了。」智士回到自己的舊居，鬱鬱而死。

這位「智士」其實就是許多知識者的寫照。羈絆在文字的格局裡，為著無數的「廁所工程」耗盡心血，卻忘了文字之外有更廣大的天地，有無數美麗的景象。如果我們的心靈不會聽、看、思，那麼文字給的常常只是知識的牢籠，囚縛了想像與創造。

金庸的《俠客行》裡，幾十年來幾百名高手無法破解的李白詩歌，卻被一字不識的石破天無意中破解了。石破天不識字，沒有什麼概念的束縛，只是用自己的心隨意去看，卻發現最簡單、也是最終極的道理。

菩提本無樹，明鏡亦非臺

真人不露相，露了相的就不是真人。但是，如何判別誰是真人，誰不是真人呢？強調不露痕跡的禪宗在選擇接班人時，仍要採用考試的形式。五祖在考慮繼承人時，把門人召集起來，要求他們每人寫一首偈，以此測定到底誰真正覺悟了，然後把法衣傳給覺悟者。

神秀聽了師父的吩咐，非常為難。如果不把心裡的領會呈現給師父看，師父又怎麼能夠知道自己的領會究竟是淺是深？如果把領會呈現出來，又好像是為著祖師的地位，與凡俗人爭奪權位一樣。他左思右想，終於想出一個妙計，夜半趁大家熟睡，溜出房間，在走廊的牆壁上題了詩，卻不留下自己的名字。

「身是菩提樹，心如明鏡臺。時時勤拂拭，莫使惹塵埃。」

弘忍看到這首偈，認為神秀並沒有達到最透徹的領悟，心想：「只到門前，尚未得入。」但另一方面，他又認為一般大眾如果依照此偈修行，就不會墮落三惡道，所以讓這個偈留在牆上，讓門人都來禮敬、誦讀。惠能聽到別人誦讀這個偈，覺得尚未覺悟，便作了兩首偈，請人寫在牆上。

其一是：「菩提本無樹，明鏡亦非臺。本來無一物，何處惹塵埃。」

另一首是：「心是菩提樹，身是明鏡臺。明鏡本清淨，何處染塵埃。」

歷來讀者往往過分貶抑神秀而讚揚惠能，把神秀的偈說得一無是處。實際上，神秀與惠能的偈分別是北宗與南宗的源流，不過是不同的領悟罷了。日本曹洞宗學僧忽滑谷快天說得好：「惠能偏於頓悟，容易產生傲慢心；神秀注重漸修，容易墮於小見。」惠能的偈觸及了最終極的層面，但如果沒有神秀所揭示的修行，對大多數人來說，所謂終極就只是空中樓閣。從教育的角度看，惠能的方法適合天才，而神秀的方法適合常人，一為精英教育，一為大眾教育。

在為人風格上，惠能確實表現出天才的氣質，而神秀就顯得相當拘謹。神秀在寫偈時，患得患失，顧慮重重；惠能卻毫無顧忌，領悟了就說出來，一派天真自然，心中沒有任何芥蒂。神秀與惠能都是覺悟之人，只不過神秀的覺悟是透過修煉而得，而惠能的覺悟卻是自發的、天然的。

做為常人的我們，因為達不到惠能的境界，常常將他的偈掛在嘴邊當作玄妙的談資。對於神秀的偈，大概覺得太簡單了，很少有人認真對待，卻不知簡單的才是最需要的。

鬱悶時說出來，負累感就會消散

有時候，我們的憂鬱來自把想說的壓抑在心裡，不滿，不敢說；想法，不敢說；喜歡，不敢說；憤怒，不敢說。害怕說出來之後得罪別人，或者覺得說了也是白說；不說出來，不等於沒有情緒，於是，一天一天積聚在心裡，愈積愈多，當心裡多餘的東西愈來愈多，負累感就愈來愈重。

最終，你會覺得很沉很沉，會覺得活著是多麼沉重的一件事；然而，活著不是老牛推車，也不是背負著重擔走路，活著是花的盛開，是水的流動，是雲捲雲舒。

要學會把心中想說的說出來，不只是表達，而是一種流露，一種放下，說出來了，就隨風而去，就什麼也不留下。你看惠能見到弘忍，一個萬人膜拜的大師，覺得他的見解有問題，就很直率地反駁了。包括你我在內的大多數人不會這樣做，因為面對權威，而且是對他有所求的權威，為了利害關係，大部分人都會附會隱忍。

附會隱忍不等於真的贊同，那個小小的異議還在心裡，日子久了，就可能長成一團讓人憂鬱的煙霧。惠能的心裡沒有一點煙霧，看到神秀的偈，覺得還不是最終的境界，就立即寫了自己的領悟。如果是你我，可能會顧慮「這樣做會不會讓人以為想爭袈裟呢？」

如果想法還憋在心裡，怎麼可能輕鬆地行走在世間呢？所以，不同意的，儘管說出來；不想做的，儘管說出來；悲傷的，儘管說出來；不滿意的，儘管說出來；有想法，儘管說出來。活著就要像潺潺流動的水，就要像樹那樣自然生長。說出來，就是把各種情緒隨時疏散、隨時消化。說出來，不是說東道西，是把自己的情緒用平和的方法紓解。如果說出來會招引是非，那不是說出來，而是牽扯不清。說出來，只是自然的情緒流動。生命也罷，情緒也罷，只有在流動中才不會鬱積、不會阻塞、不會停滯。

參透的人生本質

據《壇經》所言，弘忍讀了惠能的偈，大為激賞，將衣袍與法傳給了他，並要他逃向南方，以免受到不滿者的迫害。弘忍把惠能送到九江的驛站，叮囑他努力把佛的道理向南傳播，但三年之內先不要宣揚。

惠能就這樣離開了五祖，一直向南方行走。走了兩個月，來到江西與廣東交界的大庾嶺。後面有幾百人追他，想奪回衣袍，追了一半不見人，就回去了。只有一個名叫陳惠順（又作惠明）的僧人鍥而不捨，一直追到嶺上，向惠能衝去。

陳惠順原是三品將軍，性情殘忍凶惡。惠能把法衣給了他，他卻不肯取，說：「我這麼遠來是為了求佛的道理，不是求衣袍。」於是，惠能就在嶺上向他講解佛的道理，惠順聽後立刻領悟了。惠能就叫他向北方去，教化大眾。

關於這個細節，後來的一個版本中變成了神話。惠能將法衣擲在地上，惠順去拿卻拿不起來，於是就歸附了惠能。興聖寺本《壇經》的說法是，惠能以一個問題啟迪了惠順。這個問題是：「不思善，不思惡，正與麼時，哪個是明上座本來面目？」但有些專家認為這種「參話頭」（根據「話頭」去參悟其中的佛理），不可能出現在惠能的年代。

又據《祖堂集》記載，惠能當時對惠順說的是：「靜思靜思，不思善，不思惡，正與麼思不生時，還我明上座本來面目來。」也許比較符合當時的情景。

《祖堂集》與興聖寺本所記，雖然說話的方式不一樣，但內涵其實是相同的，表達的都是惠能最基本的理念，即他後來說法時所強調的「無念」。

所謂「無念」，惠能的弟子神會的解釋為：「不念有無，不念善惡。」這種惠順聞所未聞的觀念，一下子為他打開了深廣的視野，使他在剎那間領悟到最終的道理，能夠令他心靈安寧的道理。

惠能對惠順的提問具有震撼力，一個真正的問題有時會改變我們的一生。無論宗教上的大徹大悟，還是學術上的創見或科學上的發現，哪一個不是從疑惑、從問題開始的？

風吹幡動，心不動

惠昕本《壇經》記載，惠能從弘忍那裡回到嶺南，在懷集、四會一帶的山中隱跡了很多年。儀鳳元年（西元六七六年），惠能到了廣州的法性寺，印宗法師正在那裡講《涅槃經》。

一天夜裡，突然起風，惠能聽到兩個和尚在爭論門口的幡之所以動，是什麼原因？有個和尚認為是幡自己在動，另一個卻認為是風在動，而在另一本文獻中，還有第三個和尚認為是因緣和合的結果。

惠能聽他們爭執不休，忍不住說了一句：「風沒有動，幡沒有動，是你們的心在動。」剛好被印宗法師聽到，驚為天人，立即把惠能請到房內，知道他是弘忍的弟子後，就為他舉行了剃度儀式，從此，惠能正式在佛教界立足。不久，他要求回到曹溪，在那裡傳法直到圓寂。

「是你的心在動」直截了當地把人帶回到自己的內心。風、幡的動，源於我們的心動；一切外界的現象，因我們的心動而動。

在這裡，惠能強調了一個基本的佛理：回到自己的心；同時，又提出了心如何動的問題。一切的境遇、喜樂是自己的心造成的，要滿足我們的欲望，不是靠不斷地追求，而是靠改變態度；要獲得最終的解脫，不是靠肉身修煉，而是靠心靈覺悟。也就是說，要解決人生的根本問題，要擺脫苦厄，靠的是心。

「是你的心在動」容易引起誤解，以為風、幡的動是由於心動而引起的，如果心沒有動，那麼風、幡也不會動，這是似是而非的理解。風、幡客觀上確實在動，即使心不動，即使人已經死亡，風、幡仍會動，只不過覺知不到而已。如果活著，你的心也不可能不動，因而，真正的問題是：動的心與動的風、幡相遇，心該如何動？

當我們閱讀《壇經》會漸漸明白，當惠能強調是「你的心在動」，所著重的是要我們不受外界現象的拘束，不要讓外物牽制情緒，而是應該在當下，回到本來的樣子，讓自己的心做主宰。就像羅馬哲學家愛比克泰德（Epictetus）所言：「人們之所以心緒不寧，並不是因為發生了什麼事情，而是因為他們對事情採取了不適合的觀點。」

第二課

最容易被你忽略的小幸福

如果你的心是安定的，外界也就安靜了。

如果你的心是美麗的，只要做你自己，做上蒼賦予你的那個樣子，你就是美麗的。

惠能在大梵寺講法的第一句話

惠能在大梵寺講授佛法，吸引了許多人。《壇經》提到「僧尼道俗一萬餘人，韶州刺史韋璩及諸官僚三十餘人，儒士十餘人。」這裡的數字可能是個概數。

惠能開口講的第一句話是：「善知識，淨心，念摩訶般若波羅蜜法。」意思是清淨自己的心，念誦引導我們獲得最終解脫的偉大法門。然後，他就沉默不語，自淨心神。過了很久，才開始講述自己尋求佛法的經歷。

惠能說出的第一句話是一種明白而堅決的召喚，召喚在座的各位立即回到自己的心靈。先回到自己的心靈，再來念佛，而不是企圖透過念佛回到自己的心靈；也就是說，只是靠念佛並不能把我們帶回到自己的心靈。

惠能安靜地坐在那裡，沒有借助任何外在的力量，只是坐在那裡，就把心清淨了。惠能的姿態清晰地傳達：我們的心要靠自己去清淨。即刻，沒有任何猶豫地、無條件地回到自己的心靈，而且不靠任何外在力量。這是惠能一開始就闡明的綱要，也是《壇經》的總綱，後來所講的道理大抵都圍繞這個總綱展開。或者說，這是惠能所講的南宗禪法的前提。無論要達到什麼，首先必須在當下，讓自己的心靈回到本性的狀態。

在座的人各式各樣，也有著各式各樣的煩惱，他們大老遠來到大梵寺，期待惠能為他們指明方向，尋找解脫的出路。惠能一開口就是「淨心」兩個字，雖然沒有錄音機錄下他的聲音，但是，我們還是能夠想像一千多年前在偏遠的嶺南，一座普通的寺廟裡，當惠能說出這兩個字時，語調裡蘊藏著怎樣的澄澈和堅定。要把在座的人從日常的浮游裡拉回來，回到自己那裡，而且要讓他們自己找到回去的路。

不管你是誰，不管現在正在做什麼，不管外面發生了什麼事，你不能等待，不能有片刻猶豫，當下就回到自己內心，清淨下來，世界也就跟著你澄定下來，一片寧靜。

釋迦牟尼佛留給世人的遺言

為什麼要回到自己的心靈呢？

因為只有心靈屬於我們自己。當我們死亡時，一直呵護的身體會漸漸腐朽；辛苦奮鬥而獲得的財富，不會跟隨我們而去；我們的親人朋友也許悲痛，但很快會把我們忘記。當我們死亡時，什麼會陪伴我們走向不可知的遠方？只有我們的心靈。但大多數人在日常生活裡，把所有的精力都奉獻給了身體、財富等，唯獨忘了現在、將來永遠屬於自己的心靈。

放眼望去，來來往往的、粗糙的、光鮮的、美麗的、醜陋的、年輕的、年老的、晃動著的面容，竟像一隻隻老鼠穿行在由高樓與高樓、街道與街道，以及公文、數位、契約、票據、身分證構成的幾何形迷宮中，進行著一場無休止的競賽，在我們面前的道路似乎永遠沒有出口。

生命是一場過於漫長或過於短暫的旅行，遊戲規則變換不定。我們追逐金錢、追逐名利、追逐聲色、追逐神靈，從早到晚忙碌，為每一枚新增的硬幣、為感官的享樂、為名聲而歡喜，或者又不斷地悲哀，不斷地焦慮，又不停地追逐。

我聽過一個古老的傳說：

從前，在遙遠的海上，有一個美麗的小島，島上藏著一部偉大的書，誰得到了這部書，就能獲得永生。

通往小島的道路充滿了千難萬險，無數的英雄為了探尋那部書，付出自己的生命。終於，有一個英雄成功地到達小島，取到了那部書，打開一看，每一頁都只是一面鏡子，照見的是他的容顏。歷盡千辛萬苦，上下求索，得到的真理是：你要回到自己。

回到自己，當然不是回到容貌上，容貌在歲月裡像花一樣盛開然後凋謝，永不凋謝的是靈魂的花朵，因此，回到自己是回到我們的心靈。

在人事的紛雜喧鬧中，我們嚮往並追逐許多東西，唯獨忘了自身，忘了我們的幸福源泉以及要追逐的最終目標。在茫茫塵世、在形形色色之中，我們能夠依靠什麼呢？一切有形的都會消逝，只有心靈屬於自己，並且超越了有形無形。

所以，釋迦牟尼佛的臨終遺言是：「自以為燈，自以為靠。」

你的內心潛藏治癒憂鬱的智慧

惠能說：「菩提般若之智，世人本自有之。」意思是說，我們所要尋求的最終解脫的智慧，本來就存在於我們內心，不必向外尋找。

除了心靈，沒有什麼外在的東西能夠為我們帶來解脫的智慧。這句話看似簡單，卻為人生的根本問題提出了解決方法。人生的根本問題是：如何處理欲望和死亡。

人從生下來開始就有欲望，因而有所求，有所求必然有成敗，失敗固然痛苦，但成功也不能帶來恆常的幸福，因為得到的註定會失去，如同人生下來開就註定要死亡。因而，為了滿足欲望而做出種種努力，最後以死亡終結，帶給我們的是煩惱痛苦，想不透必然憂鬱。

有些人終於明白，追求功名、財富、美色並不能帶來永遠的幸福，因為這些欲望都由肉身引發，肉身會腐朽，依附於身體的一切也無法長存，於是，他們想從靈魂的層面去看待欲望和死亡，企圖透過流動不已的塵世和身體，獲得永恆安靜的境界。

坐在大梵寺，聆聽惠能說法的人，就是這些明白的人，已經明白必須超越身體獲得安定。但是他們不明白超越的方法，不明白怎樣看透紅塵幻影，怎樣在看透之後，安於絕對脫離苦樂循環、生死輪回的空無境界。他們懷著尋求答案的期待而來，期待能在惠能這裡得到指引、得到解脫。

但是，惠能卻告訴他們獲得解脫的方法，不必大老遠地到這裡找，其實你們的內心一直就有解脫的智慧，你們自己就可以出離、可以覺悟、可以成就佛道。

惠能領著大家發完四大宏願：眾生無邊誓願度，煩惱無邊誓願斷，法門無邊誓願學，無上佛道誓願成。

眾生無邊誓願度。這不是惠能度，而是眾生用自己的自性去度。

煩惱無邊誓願斷。要靠自己的心靈去除虛妄，才能斷掉煩惱。

一部《壇經》不論何種版本，從頭至尾都在反覆呼喚：回去！回到自己的心靈！

最容易被忽略的小幸福

因為我們不明白「本自有之」的道理，所以總是向外尋找、求取，而在尋找的過程裡不斷迷失，不斷錯過「本自有之」的喜悅與美麗。身旁的風景被一次次忽略，卻大老遠跑到所謂的「風景區」，然後一臉疲倦地回到家門口，突然覺得自己家門前的那條小巷、那棵古老的榕樹，以及斑駁的牆壁，其實也滿可愛。

人真是奇怪，一生都在追求幸福、快樂，但近在眼前那「本自有之」的小幸福，總是被忽略或被棄置。

難怪淨土宗第八代祖師蓮池大師曾寫詩感歎：「趙州八十猶行腳，只為心頭未悄然。及至歸來無一事，始知空費草鞋錢。」

惠能的嗣法弟子崛多三藏曾對神秀的一個弟子說：「為什麼不探尋自心呢？為什麼不讓自心清靜下來呢？」自心就在你的身上，你只要做自己就可以了，何必東奔西跑，四處尋覓？

天空就在我們的頭頂，月光常常照在我們的窗沿。就像蘇東坡說的：「耳得之而為聲，目遇之而成色，取之無禁，用之不竭。」誰能夠阻攔你享受此時此刻的風景呢？但是，能夠享受它們的人並不多，因為我們忙碌，囚縛於工作與目標之中，吝於抬頭、停下腳步，讓心情在凝神的片刻，享受大自然無處不在的形姿聲色。

一位在集中營等待死亡的女孩子在日記中寫道：「天空不曾定量分

配，我很快樂。」這句話讓人久久沉思。感謝上蒼，我們擁有一雙明亮的眼睛，而且沒有即將死亡的陰影，但為什麼仍在焦慮、憂鬱中浪費永不重複的歲月？

生命中有多少風景在熱切的尋求之中，與我們失之交臂？直到臨終，回頭翻翻生命的流水簿，才幡然醒悟自己錯過了什麼。

快樂就在一呼一吸之間

惠能告訴我們：最終解脫的智慧，早已存於每個人內心，但由於我們的心迷失了，智慧也就無法發生作用。為什麼迷失呢？因為我們總把自己交付給外在環境。我們以為只要換了工作就可以快樂，或者只要賺到一百萬就可以快樂，諸如此類。

凡人的一生，幾乎都寄望於改變環境來達到自己的願望。

一些人總是抱怨環境，一會兒是上司無才，一會兒是同事難處，於是，從這個公司換到那個公司，從這個城市移到那個城市。

一些人總是抱怨世界上好女人或好男人太少，所以只能形單影孤。

一些人不斷找尋健康的祕訣，今年練瑜伽，明年練太極。一些人不斷尋求美貌的良方，一會兒去拉皮，一會兒去修眉，甚或去整型。

這樣忙碌奔波，最終能夠得到什麼呢？

其實，如果你的心是安定的，外界也就安靜了。就像陶淵明說：「心遠地自偏。」如果你是好的男人或女人，就會遇見好的女人或男人；如果你的心是喜樂的，無論做什麼，即使只是隨便走一走，也會變得很健康；如果你的心是美麗的，只要做回你自己，做回上蒼賦予你的那個樣子，你就是美麗的。

釋迦牟尼說過：不論在何時何地何種情狀下，一個覺者恆常地處於安詳與和樂之中。

有錢時快樂，沒有錢時也快樂；有戀人時快樂，沒有戀人時也快樂；有名氣時快樂，沒有名氣時也快樂。不為自己的快樂設置任何條件，只要能呼吸、能感覺，就能夠快樂。

多事不如少事，好事不如無事

被譽為達摩東來開立禪宗之後的「白衣居士第一人」龐蘊，曾問女兒靈照：「怎樣領會古人說的『明明百草頭，明明祖師意』？」

靈照說：「你都這麼大年紀了，怎麼還問這種話？」

龐蘊反問：「那妳到底怎麼說呢？」

靈照回答：「明明百草頭，明明祖師意。」一切都是明明白白的。因為一切都是明明白白的，倒不如做個希運禪師說的「無事之人」。

希運禪師上堂講法時，只對大家說：「沒事了，大家散去吧。」如果心是澄淨的，又會有什麼事呢？你本來已經具足一切，還需要什麼呢？

南宗禪的從諗禪師看到文遠在佛堂裡禮拜，就用拐杖打了他一下，問：「你在幹什麼？」

文遠回答：「向佛禮拜。」

從諗又問：「禮拜做什麼？」

文遠回答：「禮拜佛是好事情。」

從諺說：「好事不如無。」

如果內心沒有徹底覺悟，好事可能比壞事更妨礙內心的平靜和安詳，讓你看不清人生真相，這時佛又能幫助你什麼呢？後來的禪宗四祖道信請求三祖僧璨教解脫法門時，僧璨只是問他：「誰束縛著你？」道信略略沉思，就明白了。

確實，有誰束縛著你呢？我們本來就是解脫的，本來就是活潑無礙、自由自在的。

許多時候，我們好像置身於絕境，種種的塵世羈絆，毫無擺脫的可能，無法逃避工作，無法逃避家庭，無法逃避不喜歡的人與事，也無法逃避不願意的厄運。然而，當我們淡定下來，返歸內在的自性，就會發現那一切並非堅不可摧，隨著領悟，一種靈動的輕盈，會把我們從壓力中拉出來。

由於領悟帶來的發現，生命才可能變得美麗。

而美麗一直就在那裡，街邊的房屋、樹木、河流一直都在，只是我們常常視而不見，沒有感觸到蘊含在其中的美。我們能夠發現美、欣賞美的心，本來就在身體裡，但不知為什麼，常常遺忘了。

順其自然就好，幸福地活在當下

快樂的人之所以快樂，並不是他的生活特別平順，而是因為他以坦然、愉快的心境去看待人生，以及遭遇的一切；悲哀的人之所以總是悲哀，並不是因為他的生活特別坎坷，而是習慣以陰暗、抱怨的眼光去看待一切。

快樂的人對於人生有看風景的自在從容，悲哀的人對於人生則執著勞碌。

將人世的一切視作風景，便有忘我的神韻，一切只是花開花落、早晨黃昏、風吹柳絮、雁過天際，順其自然就好。若將生活看成是一場競賽，便有強烈的自我意識，計較斤兩，將不如意都轉化成對他人的怨恨、猜疑。不妨自問：為什麼要把生活弄得那麼疲累不堪？

我很喜歡俞平伯先生一篇文章的題目〈人生不過如此〉。確實，沒有人能夠剝奪你享受生活的權利，因為生命是你自己擁有的。明達的人哪怕是在牢獄之中，仍能活出一番情趣。

生活本來就是由一連串的瑣事構成，我們的生命必須時時忍耐才得以延續。但是，如果我們以欣賞湖泊山川的情懷，去注視塵世中的是是非非；以仰望星空的胸襟，去處理生活中的形形色色，那麼，瑣碎的生活不就有了詩意般的安適？讓我們像蜜蜂釀造蜂蜜一樣，將日常生活釀成豐富的好滋味。

第三課

餓了專心吃飯，睏了安心睡覺

如果我們的內心沒有真正覺悟，只是在那裡坐禪、念經，只像無生命的物體傻傻地坐著，有什麼用呢？

覺悟不是循序漸進，而是豁然開朗

神秀的那首偈把心比作鏡子，必須經常拂拭，以免沾上塵埃，所表達的覺悟方法是：你必須透過一些戒律、一些修煉的工夫，如坐禪等，使散亂的心澄定下來，才能獲得智慧，從而得到解脫。也就是說，首先要借助定的修煉，得到智慧，再借助智慧達到覺悟的境界。走向覺悟的途徑，是一個漸漸修行的過程。

惠能認為把定、慧區分開來的漸修方法，會造成「口說善，心不善」，形式與內容相互分離。如果沒有心靈上的真正覺悟，那麼，禪坐就只是一種形式。

惠能創造性的思想正是在此：透過打坐、誦經並不能通向覺悟的境地，而是倒過來，首先必須從自己的心靈深處體悟到空的道理，只有這樣，打坐、誦經才是有意義的。他告誡大家：千萬不要把定、慧看作是不同的東西，定發生的時候，慧也同時發生，定與慧並沒有先後之分，而是等一的。定與慧的分離是不可思議的，沒有智慧的禪定，只是一種坐姿；

而沒有禪定的智慧，只是一種空說。

這種佛法後來被稱為頓悟，惠能的南宗也被稱為「頓教」。許多人把頓悟理解成無需經過修煉立即覺悟，這是似是而非的說法。後來親侍惠能十五年的懷讓，對惠能的頓悟有著非常精闢的解釋。

據說，唐代著名禪師馬祖道一在沒有開悟之前，有一段時間整天坐禪。懷讓禪師看到他，覺得他具有佛法才器，便問：「你這樣每天坐禪圖的是什麼？」

馬祖回答：「我想成佛。」

懷讓不吭聲，彎腰拿起一塊磚頭，到庵前的石板上磨了起來。

馬祖很奇怪：「您在做什麼呢？」

懷讓說：「磨作鏡子。」

馬祖說：「磚塊怎能磨成鏡子？」

懷讓立即引導他：「既然磚塊不能磨作鏡子，那麼，坐禪又怎能成佛呢？」

馬祖開始疑惑了：「那我應該怎麼做呢？」

懷讓說：「好比人們駕車，車不前進，應該打車還是打牛呢？」

馬祖一下子無以應對。

懷讓接著說：「你是學習坐禪還是學習坐佛？如果學習坐禪，禪並不是坐或臥；如果學習坐佛，佛也沒有固定的形相。在變幻不定的存在中，不要有所取捨；如果你坐佛，其實是在殺佛，因為執著於坐的外在形式並不能達到真理。」

馬祖聽了這番話，如醍醐灌頂，感到了從未有過的清澈。

如果我們的內心沒有發生真正的覺悟，只是在那裡坐禪、念經，那麼就如同要把磚塊磨成鏡子，完全不可能。想透過坐禪、念經等形式達到覺悟，在惠能看來是本末倒置。如果沒有領會到空的境界，只是像無生命的物體，傻傻地坐著有什麼用呢？

惠能的偈說得非常透徹，本來就無一物，本來就沒有塵埃，還需要什麼定力去抹拭乾淨呢？當領悟到本來的究竟時，既在禪定之中也在智慧之中，當領悟到本來的究竟，即領悟到空境的一剎那，就已經覺悟了，還何需坐禪、誦經等外在形式呢？

覺悟不是一個漸進的過程，而是一種豁然開朗。

禪修是一種生活態度

把定和慧看成不同的東西，很容易造成禪修脫離日常生活。人們在禪修時，按照佛法去想、去做，但是一到具體的生活中，就很難控制自己的欲望，嘴上說著佛的道理，心裡其實還積澱著貪婪、執著。

惠能之所以強調定慧等一，是希望禪修與日常生活合而為一，或者說禪修不是一種形式，也不是一種儀式，而是一種生活態度，融入日常的任何時刻。

因此，覺悟的人，在家與在寺都是覺悟的人；愚昧的人，在家與在寺都是愚昧的人。覺悟與否，與出家還是在家沒有必然關係。用惠能的話說，如果在寺廟裡卻不修行，就好像身處西方佛土卻內心邪惡一樣，實際並不在西方；而在世俗的家裡用心修行，實際已經在西方佛土了。

惠能所說的其實很簡單，禪修不能流於形式，而是要回到最根本上，首先必須觀照，同時把這種觀照化成一種實際的生活。什麼叫觀照呢？就是你在做什麼的時候，知道自己在做什麼。比如，你憤怒了，沒有關係，就讓自己憤怒好了，沒有必要刻意去壓制；但是不能完全讓憤怒淹沒了，必須看著憤怒，知道自己在憤怒，你只是看著憤怒突然升起，然後慢慢消退。

任何情緒都不可怕，不必刻意抗拒任何情緒，只要觀照就好。不論在哪兒，不論做什麼，都看著自己，知道自己在做什麼。這樣的你不會困在某種情緒或某個狀況裡。

惠能並不號召人們都去坐禪、念經，都去寺廟出家，這些在他眼裡，只不過是外在形式，不是根本。你必須回到根本上，瞭解最終的方法，才能得到真正的解脫。

真正的解脫不是在修行時才發生，而是在任何時候，無論睡著還是吃飯，無論遇到逆境還是順境，你的心都是自在的。

一位禪師在山上修煉忍辱功，一個人突然走過來對他說：「你去吃屎。」結果，禪師大怒，追著要去打那個人。這個故事來自西藏，說的是同樣的道理：如果你不能應對日常中的一切境遇，那麼，所謂練功，只是短暫的逃避，你的人生並沒有改變。而惠能所要的是徹底改變生命。我們的生活很平凡、很瑣碎，但是，我們的心不受任何人事物的影響或束縛，沒有任何波瀾，像水一樣平靜。

佛陀看到地上不乾淨，拿起了掃帚

在沒有空調、甚至連電風扇也不太普遍的年代，夏天每到黃昏，總有人在街邊或院子裡掃地、灑水，然後，一天的暑熱與灰塵好像都隨著太陽消失了。再然後，就有許多人端著桌子、凳子走出自家門，在清掃過的空地上吃飯、納涼。因而，那時候的夏天，當有人開始掃地灑水，人們就有欣喜之感，因為清涼就要來臨了。

後來，有了空調、電風扇、吸塵器，在許多廟宇裡，仍然可以見到僧侶們從容地掃地、灑水，所以，人們在廟宇總是感到置身於潔淨的氛圍裡。

現在的清潔人員好像喜歡在日間打掃街道，無論在鄉間，還是城市，無論在廟宇，還是俗世，掃地、灑水的姿勢總是給人一種清潔與安寧的歡喜。

你每天回家後有沒有掃掃自家的庭院？如果沒有庭院，有沒有撣一撣桌子、書架、陽臺上的灰塵？有沒有在公園或大街隨手拾起地上的垃圾，把它們放到垃圾筒裡？

這些舉手之勞常常被我們忽略了。其實就像張愛玲所說：「雜事裡有著很深的愉悅。」我們每天為著所謂的人生目標努力，埋頭工作，不願意為日常雜事付出一點時間；然而，當我們靜下心來掃掃地，也許會發現隱藏於日常雜事間的深微恆常。

釋迦牟尼佛在獅多林時，看到地上不乾淨，就執起掃帚打掃。掃完後，他對弟子們說：「凡掃地者，有五勝利，一者自心清淨，二者令他心淨，三者諸天歡喜，四者植端正業，五者命終之後當生天上。」我們不一定企求往生天上，但都希望有一個清潔的世界，到處是清潔的人心與事物，因而，在生命的每一個時刻，都不要忘了掃掃地、灑灑水。

生命的大歡喜，蘊含在掃地、灑水這樣看似瑣碎卻包藏著善與美的日常雜事中。

告別懷才不遇的煩悶

還記不記得《壇經》一開始講惠能到弘忍那裡求法，弘忍初見就不屑他這個南蠻子，沒想到惠能講了佛性不分南北的道理，深得弘忍的心。但弘忍並沒有讓惠能去做什麼重要的工作，而是安排他打雜，而且一做就好久。惠能並不覺得有什麼問題，就像從前打柴一樣，既然做了，就做好眼前的事。如果是我們，也許會不滿：「為什麼讓我打雜呢？為什麼做了那麼久，還不提拔我呢？」

對惠能而言，他從不忌諱展示自己的見識和才華，就像花的盛開一樣。他也不覺得自己有什麼才華一定要別人重視，一定要別人重用，只是隨遇而安。打柴的時候，他好好地做一個樵夫，從打柴這件事裡享受生活的樂趣。上山打柴或者送柴到別人家裡，是微不足道的事，不會阻礙看看沿途的風景，也不會阻礙感受季節的變幻、體驗人情世故。

事並沒有什麼大小之分，只是社會分別了大小，只是我們自己分別了大小。我們總是渴望著要做大事，不願意做小事，然而，這個世界上大事很少，卻遍地小事，大事其實也是小事累積而成的。有些人做小事就覺得失落，覺得自己懷才不遇，因此感到鬱悶，認定這個世界好像總是和自己過不去。

一旦我們把希望寄託在別人身上，一旦寄望別人重視自己，那麼就把自己的生活交給了別人。但我們沒有辦法控制其他人，能夠控制的只有自己，因此，應當學著把生活交給自己控制，那麼就不會擔心、不會恐懼，不會再有懷才不遇的鬱悶，只是安心做自己能夠做的，而不關心別人怎麼對待自己。

經常看到網上有人說：「幸福就是敲門的時候有人為你開門。」如果這樣想的話，你期待的幸福在別人手上，你的幸福取決於別人的心情。不妨把幸福看作是：「當別人敲門的時候你為他開門。」此時，幸福就在你手上。開門是小事，生活裡每天都是無數小事的累積，如果安心於做一點小而美的事，那麼你的幸福和命運都在自己的手上，還有什麼值得憂慮的呢？又怎麼會有懷才不遇的鬱悶？

跳出思維的陷阱

有一次，靈祐禪師問智閑：「我不問你的學問，只想問：你沒有出生、不辨東西時的本來面目是什麼？用一句話說說看。」這個問題其實就是惠能「哪個是明上座本來面目」的變體，問者的目的和旨趣是一樣的，都要把人帶向終極的澄明境界。但智閑顯然從未思考過這樣的問題，想了半天，說了幾句不著邊際的話，得不到靈祐的認可。智閑只好請求說：「請和尚為我說說吧。」

靈祐說：「我說了只不過是我的見解，對你的認識並沒有什麼益處。」

智閑回到房間，把以前收集的各地禪林語錄都翻閱了一遍，卻找不出一句話可以應對。他感到完全絕望，便把這些語錄都燒了，並發誓今生不學佛法，做個行腳的粥飯僧算了。他哭著告別靈祐，去了南陽慧忠國師的遺跡處住了下來。

有一天，智閑在山中割除草木，用瓦片碎石擲擊竹子，發出清脆的聲音，使內心所思所想瞬間消散，他恍然醒悟，明白靈祐的苦心。如果當時靈祐真的說了，又哪會有今天聽到石擊竹子聲的領悟呢？

禪師永遠不告訴你答案，因為答案必須自己領悟，而且，不是靠讀書去領悟，是從平常的生活中。

幾乎所有禪師的覺悟都源於生活中某些微不足道的細節。當生命處於飽滿的狀態，真正地活著之時，關於意義、關於真理，是無需討論的，只有在平實的行動中，意義才能顯現。

智閑提過一個非常有意思的假設：「如果有人處在千尺懸崖，口裡咬著樹枝，腳沒有地方可以踩踏，手沒有地方可以攀附，忽然有人問他：『什麼是祖師西來意？』如果他開口，就會喪失性命；如果不回答，又違逆那人的提問。這個時候該怎麼辦？」當時有個和尚走出來反問道：「上樹的時候就不問，沒有上樹的時候怎麼樣？」

智閑聽了，笑了笑，沒有出聲。他假定一個人在絕境裡怎麼回答「佛祖西來意」，回答會死掉，不回答又沒禮貌，好像被逼到死角，怎麼做都有問題。

也許智閑所要指引的恰恰是不能回答，讓你放棄回答。那個和尚明白這是不能回答的，所以說上樹的時候就不問。這是一個聰明的回答，答而不答。既然他在樹上，為什麼要去問他祖師西來意呢？祖師西來和他有什麼關係呢？他只要好好在樹上咬住樹枝葉，找到下來的辦法就可以了。但這個聰明的和尚忍不住還是問了一句：「沒有上樹的時候怎麼樣？」

智閑笑笑。就算不在樹上，祖師西來和你有什麼關係呢？你自己的事跟祖師西來意有什麼關係呢？

面對不想做又必須做的事，如何調整情緒？

有些人一輩子浮浮沉沉，不斷尋求著什麼，有時候也悟到了什麼，然而，永遠不願安靜下來，全心全意去做一件事。

不必等到明天，甚至不必等到下一刻，現在就可以走出房間，沿著林中的小路，去享受月色與夜的清靜；或者就在房間裡，抹去桌上的灰塵，坐下來寫一封一直想寫卻總被雜務耽擱的信，可以打開音響聽一直想聽的樂曲，也可以躺在地板上，什麼都不做……

你可以做一切，或者什麼都不做，但是，必須在做或不做之中成為自己，而不是剝離了自己。

不要讓自己生活在戲論（佛教語，指違背真理，不能增進善法而無意義的言論）的境地；不要意識到自己應當如何生活，卻年復一年陷於所厭惡的事務裡。曾有哲學家說：「大家所努力的、用心做的都是不重要的事，都把不重要的事拿來當重要事做。」

很多人非常厭惡當下不得不做的工作，總想著：「趕緊結束，然後去做我自己喜歡的事。」然而，做完了這一件，還會有另一件，沒完沒了。最後終於明白不能等待，如果已經覺悟，哪怕手頭上有成堆的工作，也要毫不猶豫地丟棄。當年弘一法師就是如此，當他明白了人生的究竟，就沒有絲毫留戀，立即了卻塵緣，出家修行。

生命十分短暫。在夜深人靜之際，不妨算算有多少時間可以自在地做事、思考。

常識一定是對的嗎？

對於常識，我們常常不假思索地接受，如果進一步探究會發現常識可能包含著許多謬誤，可能阻礙了我們的視野。

牛頭宗的慧忠禪師有一次故意提了一個常識性的問題：「城外的草是什麼顏色？」被問者馬上回答：「黃色。」

慧忠立即叫來一個小童子，問了他同樣的問題。小童回答：「黃色。」

於是，慧忠對那些被問者說：「你們都是解經論的座主，見識怎麼同小孩子一樣？」

那些人反問慧忠：「那麼，城外的草到底是什麼顏色？」

慧忠又反問了一句：「看見天上的鳥了嗎？」

那些人說：「您說得不著邊際，請教導怎樣理解才對？」

慧忠卻叫喚道：「座主，向前來！」

那些人一齊上前，慧忠見他們沒有領會，便笑笑說：「你們先回去，改天再來吧。」

第二天，那些人又去請教慧忠，希望他能解說昨天的問題，慧忠告訴他們：「領悟了就是領悟了，如果沒有領悟，縱然解說出來，也還是不領悟。」

慧忠想引導那些人越過常識，把握更深遠的實在。城外的草現在當然是黃色的，但到了春天又是什麼顏色呢？天上的鳥飛過後留下什麼蹤跡呢？沿著這樣的思路，最終能感悟到空性的意義。

說到草，想起另外一則公案。

洞山和尚門下的一位僧人去訪問慶諸禪師，慶諸問那僧人：「洞山和尚有什麼言語告示你們呢？」

僧人說：「夏安居結束後，和尚上堂說：『兄弟們有的往東去，有的往西去，只要往萬里無草的地方去就行了。』過了一會兒，和尚又問：『萬里無草的地方怎麼去呢？』」

慶諸問：「有人應答了嗎？」

僧人說：「沒有。」

慶諸說：「為什麼不回答『出門就是草』？」

慶諸的意思是清楚的，當心向外追逐時，就處於叢生雜草中了，如果心守於自性，那麼，門檻消失，一跨步就是萬里無寸草的地方，又何須考慮向東向西？

惠能的獨特智慧

先天元年（西元七一二年）七月六日，惠能派弟子去新州國恩寺建造報恩塔，有一個叫方辯的四川和尚前來拜見，自我介紹說善於塑造人像。惠能說：「那麼你塑塑看吧。」方辯不明白其中的禪機，真的動手捏造了惠能的人像，非常逼真。惠能看了以後，淡淡地說：「你善於領會塑性，卻不善於領悟佛性。」就送了一些衣物做為報酬，方辯禮謝而去。

惠能給了方辯一個契機，然而，他錯過了。

當惠能說塑塑看，其實是想引導他進入問題，然後從問題中覺悟。人能夠被塑造出來嗎？人的本性能夠被塑造出來嗎？外形的逼真是否就是那一個人呢？方辯卻以為這是一句普通的話，真的去泥塑，而且還塑得很像。惠能認為他不通佛性，把他打發走了。

惠能開創了一種獨特的教育方法，不是在講堂上長篇累牘地講解經義，而是抓住日常生活裡的某個情景，突然點撥，剎那間喚起徒弟的悟性。這需要一個優秀的、善於啟發的師父，同時，也需要一個能夠領悟的徒弟。

第四課

不要刻意控制念頭，也不要被念頭牽著走

回到自己的心，讓心清淨是禪的目標。
要達到這個目標，你必須不把這個做為目標。

漸悟與頓悟

惠能在世的年代，頓、漸的區分並非對立的，只不過是兩種不同的覺悟方法。惠能並沒有否定漸的修煉，他反對的只是流於形式的修煉。所以，他說佛法沒有頓、漸的分別，但是，人確實有敏銳、愚鈍的差異。如果遇到愚鈍的人，就用漸修的方法勸導他，如果遇到敏銳的人，就可以用頓悟的方法。

從根本上講，如果覺悟了，就沒有什麼差別；如果沒有覺悟，無論打坐、冥想都沒有用，仍然在生死煩惱間輪回。所以，惠能特別強調，不論頓悟的方法，還是漸修的方法，只要是佛法，都以無念為宗、無相為體、無住為本。

所謂無相，當然不是沒有形相，形相就存在於那裡，怎麼可能沒有呢？

風在吹，幡在飄搖，不可能視而不見，也就是說，在感覺上並不能消除它們。但是，可以主宰自己的態度，可以用一種空無的態度去看待它們，它們就會變得在那裡又不在那裡，不對你的心境造成一絲擾亂。

這就是無相，感覺到了形相，同時又超越了形相。形相本身就在那裡，風在吹，幡在飄，你無法控制，但是，看待它們的態度是你可以決定的，是喜悅還是憤怒，是你自己決定的。同樣是風吹，對於這個人而言，是擾亂；對於那個人而言，是平靜。因而，無相的達成並不是借助某種力量去消除外在的形相，這不能最終解決問題。

比如，為了擺脫夏天的炎熱，我們發明了空調，但後果是獲得了室內的清涼，卻使得外面廣大的空間愈來愈炎熱。如果你的心是平靜的，無論怎樣的天氣都是一種自然的享受。如果你具備了一種無住的心態，也就是自在無礙的心態，那麼無論風怎樣動、幡怎樣動，都不會擾亂你的心，你的心仍然按它的本性在動。

於是，終極的問題來了：如何達到無住的心靈狀態呢？或者說得再明白一點，如何覺悟呢？

惠能的答案是：無念。

「無念」字面上的意思使人誤解，以為是沒有念頭。然而，人怎麼可能沒有念頭呢？只有死亡的人才沒有念頭。只要生命還在，念頭就不會停止。我們的心總是在動，關鍵看如何動。迷妄的人看到外在的形相，就會產生妄念，比如，看到一個美女，就想著去追求、占有，於是引出一連串的煩惱。無念的方法是，你看到了，你思考，同時，你並沒有看到，也沒有思考。你的心覺知到了事物，但不會停留在任何事物上，不會被任何事物所繫縛。

你的心始終在動，同時，也停留在自己的本性上。

如何去除分別心？

怎樣才能看到了又沒有看到，想了又沒有想？惠能的答案是：「只要不起分別心，就可以做到。」用他自己的話說：「無者無何事，念者念何物？無者離二相諸塵勞，念者念真如本性。」無並非真的沒有，只是沒有那些引起煩惱的二元分別相，念頭必然是有的，但只能有真如本性的念頭。

後來，神會解釋無念：「不念有無，不念善惡。」這應該契合惠能的本意。所謂無念，其實就是「不起分別心」，或者說，就是「當下即是」的直觀。當我們面對事物，當下的觀照是：「它是一種事物，同時又不是這一種事物。」既不肯定，也不否定。思想處於最飽滿的狀況，既蘊含著未分別前的情狀，又包容了分別的過程及完成後的清澈。

如果你超越了美醜的分別，就不會受到美女的迷惑，你會覺得她美，同時又覺得這不是美，她不過是一個女子、一個生命、一個眾生。如果你超越了冷熱的分別，當然就不會對於某一天的炎熱感到煩躁；你會覺得很熱，同時又覺得這不過是炎熱，是一種狀態、一種感覺。

冰心有一篇小說〈分〉，講的是剛剛出生的小嬰兒，在醫院一看沒有什麼分別，但是出院後，有的進了富貴之家，有的進了貧窮之家，從此就有了身分、地位等區別。本來，大家都是人，都是赤裸裸來，最終赤裸裸去，哪有什麼貴賤之分？看著周圍的人：局長、拾荒者、富人、窮人、上流社會、下流社會、男人、女人……想一想：未有這樣分別之前的世界是怎樣的？

透過千姿百態的身分、容貌、膚色，如果你凝神觀看，看到的是生命本身，來自同一個源頭的生命本身。

行人們穿著不同的服飾，擁有不同的地位，有的正步態從容地跨進轎車，有的正在撿拾別人丟下的食物……你看見生命在那一刻的生動姿勢，來自身體線條的簡單韻律，在那樣的天氣、那樣的地方，有那樣的生命，那裡或許有悲哀與喜悅，但在生命終點，他們都只是生命的姿態，無所謂喜與悲、無所謂好與壞。

虛妄的源頭在哪裡？

空手把鋤頭，步行騎水牛。
人在橋上過，橋流水不流。

這是傅大士《中國維摩禪祖師》的詩作。日本現代著名禪學思想家鈴木大拙認為這是對《金剛經》中「佛說般若波羅蜜即非般若波羅蜜，是名般若波羅蜜」的通俗化解釋。空手怎麼能握住鋤頭？步行怎麼能騎水牛？

而橋怎麼能流，水怎麼反而不流了？好像是癡人囈語。

然而，當你靜下來細細品味，就會慢慢領悟到這樣的囈語或胡思亂想，其實為我們揭開了另外一個世界，一個更為本真的世界，沒有邏輯、沒有分別的世界。

當你感覺到空手把鋤頭，感覺到橋流水不流，就會真正湧現一種禪的喜悅，你抓住了最透徹的自在，一切的圍牆、界限都驟然消失；你正徜徉在無邊的曠野，你的視線沒有盡頭，所處的位置既不在東也不在西，不是南也不是北，你與環境和存在融為一體。

由此，我們也許會明白禪宗式的問答所包含的意義。禪師們常常蠻橫地棒喝，或者莫名其妙重複對方的問話，或者不說一句就走開。這些舉止就像傅大士的詩，十分怪誕，然而目的卻是清晰的：將發問者從邏輯推理的思維狀態拉回，回到當下，回到生命本身的直接感受。

許多徒弟會問什麼是佛法大義？什麼是空無等，他們從來得不到確切的正面回答。並非師父不能解答，他們完全有能力按照經書上的解釋條分縷析，但不願意這樣做，在他們看來，這樣會讓徒弟們離真實的世界更遠。

當有人問什麼是佛法大義？

馬祖道一的法嗣繼承人法常禪師就回答：「蒲華柳絮，竹針麻線。」

而馬祖的回答更為奇特，他對提問者說：「小聲一點，走近來我向你說。」

提問者真的走近他，他卻猛地打了提問者一巴掌，說：「人多不便說話，你先回去，明天再來。」

第二天，提問者獨自進了法堂，說：「請您為我解釋。」

馬祖回答：「你先回去，等我上堂時再出來問，我會給你引證。」

杭州靈隱寺的清聳禪師回答：「雪落茫茫。」他還附了一首偈：「摩訶般若，非取非捨；若人不會，風寒雪下。」

無論馬祖的巴掌、戲弄，還是法常、清聳的具體意象，都是要切斷提問者的思路，質疑問題本身。追索答案是徒勞無功的，而對於「佛性」、「空無」的追索，在惠能看來，恰恰是分別心的作用。他說：「不明白本性的純淨，卻起了心去追問、求索，徒然使心變得僵直，徒然產生了純淨與虛妄的分別。」虛妄從何而來？虛妄沒有自己的來處，它就是從分別心來的。因此，起了純淨與虛妄之分的心念，就是虛妄的源頭，起了追求清淨的心念，已是虛妄。

改善心境的最好時機

如何做到不起分別心？改變我們的視點是一種有效的方法。眼睛讓我們看到事情，同時又限制我們對事物的觀察；它是光明，又是黑暗。我們習慣把所見的看作是真實的，正如俗語所說：「眼見為實。」我現在看到桌子、手錶、檯燈，它們當然存在，而且可以觸摸。如果換了其他人，他所看到的雖然同樣是桌子、手錶、檯燈，但一定與我描述的不同。

每個人有各自的視界。

當我們擺脫自己的視點，站在別人的視點重新看事物，就會發現並不像自己看到或想像的那樣。

能不能同時用不同的視點來觀照同一事物呢？也許不能，但當我們做這樣的假設並沉思時，已經慢慢接近事物的本來樣子。至少，明白個人的

「看」只不過是一種角度，如果這個角度是圓的，物件就是圓的；如果這個角度是方的，物件就是方的。而對象本身無所謂方與圓，它就在那兒，成為什麼完全取決於感應。某種意義上，它存在於感覺的投射，只有某種感覺投射時，它才變得有形狀、有溫度、有質地。

人世間的爭吵大抵起因於自我無法掙脫個人偏曲的私見，把一己之見當作真相，而容不得別人，或者缺乏同情心。這種私見也束縛了生命的展開，讓生命在煩惱的輪轉中，盲目地耗盡寶貴資源。

有個有效的實用方法：當我們憤怒或發脾氣時，如果試著從別人的角度想一下，往往就可以壓抑情緒，甚至變得心平氣和，人際關係也得以改善。

再進一步去體會與人同時生存的其他生物，如果世上沒有人，只有小貓、小狗、大象、老虎……牠們眼中的世界又是怎樣的？

再往深處想，如果連生物都不存在，也就是沒有任何「視點」，這個世界又是怎樣的呢？難道因為沒有東西去感應它，它就不存在嗎？如果它在，又是怎樣的？

佛法告訴我們事物回復本來樣子的情景：一切事物都是空的。把我們從暫時的、紛擾的人世一下子牽引到浩茫、無邊無際的太空，讓我們觀看，但不用眼睛，而是用心從任何方向去看。

這時，你看到的是存在，是不起分別的整體，一方面變幻無窮，另一方面又凝定恆在。

盲眼老人過獨木橋

有一次，劍術高手反町無格走入深山，到了斷崖邊，有一條狹窄的獨木橋通往對面的山峰。橋下是萬丈深淵，他試著走了幾步，感到頭暈目眩，心驚肉跳，又退回原地。這時，一位盲眼的老人拄著木杖緩緩到了橋邊，毫不猶豫地走過去，步態從容。

反町無格看著這位老人的身影，突然得到啟示：當人對外界的一切視而不見，甚至根本不看的時候，才能盡情發揮自我。於是，他把劍插在背後，閉著眼睛，坦然走上獨木橋。橋下的萬丈深淵不見了，只是一片澄明的心境，他安然地走到對面。從這次經驗中，無格又悟出了一個劍術道理：在格鬥中，劍手的眼睛其實是一大障礙。劍道的極致在於「無眼」，不受眼睛所接收到的資訊影響，而心無所礙地發揮自己的技能。

當科學家將花生裝在玻璃瓶內，放到猴子面前，猴子會立即盯住花生，亂抓亂搖，卻始終打不開瓶子，因為牠的眼睛只盯住花生，無法冷靜。

許多時候，當我們越過眼前的視點，看向更遠處的白雲、山川，就能不受任何羈絆；當我們從遠處望去，就能發現解決的門道。

我們眼見的一切全是虛妄，一方面因為不同視界而有不同風姿，另一方面因為時間的流逝，世事時時刻刻在變化、消失。如果用心靈去觀看，就會覺知到榮華的背後其實是荒涼，荒涼的背後其實是榮華，也會覺知到福與禍的奇妙轉換，因此不會被眼前的形色所迷惑，不會因為眼前所得而喜悅，也不會因為所失而悲哀。你的心靈已經抵達了形色的最深處，在最深處能夠見到什麼呢？什麼也沒有。

但你已經什麼都見到了。

什麼都已見到，對於眼前的一切，當然是見而不見。完全視而不見，有點造作，完全見其所見，有點愚昧。見到了就見到了，該怎麼樣就怎麼樣，就像那位走在獨木橋上的瞎眼老人一樣，從從容容地行走在人世。

什麼都已見到，眼前還有什麼可以令我們懼怕？只要將視線從眼前的那一點移開，內心許多不安、焦慮、憂鬱都會煙消雲散。當你每天在辦公室裡明爭暗鬥時，有沒有偶爾抬起頭來，發現窗外遠山若隱若現，或者，有一片雲彩剛好飄過？

世事多變，隨遇而安

小時候，爬在高高的窗臺上，悠然地看著腳下的行人；長大了，反而不敢再爬上去，更不敢往下看一眼，因為懂得害怕，懂得摔下去的後果。

許多事情都是這樣的，當我們懂得規矩、懂得分別以後，往往不能做好，而且，煩惱就開始了。

有個人，他每天睡覺都是倒下就睡，從未想過以怎樣的姿勢睡最好。有一天，有人告訴他，像他這樣的身體狀況應當如何睡。從那一天開始，他就再也沒有安穩睡過，因為一直考慮該往左還是往右躺，右手該放在上面還是下面，諸如此類。

終於有一天，他忍無可忍地說：「去他的睡姿，我想怎麼睡就怎麼睡。」從此又能倒頭就睡，一覺到天亮。

不要刻意控制念頭，也不要被念頭牽著走

再來說說坐禪。

如果你擺出一副架勢，說：「我要坐禪了，我要回到自己的心，我要達到清淨的境界。」聽起來似乎沒有什麼不對。

惠能不是一直強調要回到自己的心嗎？不是一直強調要讓自己的心清淨嗎？確實，回到自己的心，讓心清淨是禪的目標。然而，惠能還認為要達到這個目標，必須不把這個做為目標。如果坐禪的時候，刻意要回到自己的心，刻意要清淨，那麼，同樣被繫縛住了。

就像失眠時，如果想著那些煩惱或興奮的事情，當然會加重失眠，但是如果一心想著要睡覺，一心祈求自己快快睡，也多半不會成功。有效的方法也許是既不去想睡不著，也不去想要睡著，忘掉睡眠這件事，就在此

時此刻，你活著，無所謂睡，也無所謂不睡。保持一種沒有目的的狀態，一種生命自然流轉的狀態。睡得著也好，睡不著也好，你擁有此時此刻的平靜和充實。

這是一種真正的超越。惠能指示了一條終極的解脫道路，必須擺脫一切的「妄心」。所謂「妄心」就是想著要達到什麼目標，或者做出判斷。不論你想著要達到什麼目標、不論做出什麼判斷，都是成佛的阻礙。對於清淨的追求，就被清淨所奴役；對於心的尋求，就被心所奴役。在某種程度上，與被錢奴役是一樣的。

惠能對於坐禪的解釋是：一切的現象都不至引起妄念，叫坐；顯現自己的本性而不迷亂，叫禪。這樣一來，坐禪和坐還有什麼關係呢？坐不坐並不是關鍵，關鍵是面對外在事相時，能否具有自由的心態。

自由的心態在於不起分別的心念，任由生命盛開，就像草木無目的地、全然地生長。

改善人際關係的必修課

在公共場所，到處都是聚在一起高談闊論、指點江山的人，然而，說的盡是一些不著邊際的話。早在幾千年前，孔子就批評過：「群居終日，言不及義。」當有人問到：「如何成為一個君子？」孔子回答：「只要慢慢地說話就可以了。」顯然在孔子的心裡，說話不只是說話那麼簡單，說話反映了內心的狀態。慢慢地說話是策略和技巧，更是格調和境界，意味著從容不迫的優雅，不急於表現的含蓄，不急於評價的穩重。

禪宗給人的感覺是鼓吹沉默，彷彿什麼話都不說就是禪，就能得道。如果真是這樣，啞巴和傻子就是最具智慧的人了。

實際上，道家、儒家、佛家都不排斥說話，關鍵是說什麼以及如何說。

你可以說今天天氣真好，也可以說今天天氣真壞，有些話可以說，有些話不能說。不同場合要說不同的話，這是文明的規則。至於如何說，就是指同一件事情用不同的說法，效果完全不一樣。歸根究柢，說什麼和如何說都為了達到好效果。好效果就是別人聽了感到愉快、感到清爽和平靜，讓人如沐春風。

風輕輕吹拂而過，好像留下了什麼，又好像什麼也沒留下。好話就如春風，但不等於諛詞，阿諛奉承的話引起的並非愉悅，而是厭惡。

生活中瑣屑的言辭引發不安和緊張，乃至煩惱、痛苦。對於說者以及聽者都是傷害。我們既不能像啞巴一樣不說，又不能亂說。說什麼和如何說的技巧在哪裡呢？許多培訓課程企圖教人如何把話說好，那些技巧並不重要，重要的是我們的心態。

說話是內在的表現，你是什麼樣的人就說什麼樣的話，你有什麼樣的想法就說什麼樣的話。所以，還是要回到內心，否則學了一堆技巧，中看不中用。

要人說好話，惠能認為只要做到「不見一切人過患」就可以了，如果不見一切人過患，一開口就不會說人是非。不見一切人過患，實際上是一種哲學的修為，雖為日常小事，其實包含著「不起分別心」而達成的慈悲情懷。

以「不起分別心」觀看人我世界，對於一切你所喜歡的和厭惡的，將會寬容地、平等地對待，你的言辭就會成為輕柔的韻律，就像經過熟睡孩子的身旁會放慢腳步，我們內心充滿愛和關心。

試試和花朵聊天

放眼望去，你見到了什麼？

天空、大地、街道、人群、樹林……這些就在你的眼前。

當你開口，為什麼不談談這些呢？談談在路上見到的那個小乞丐的臉，談談對面馬路上的那棵榕樹有多少片葉子，談談今天從書裡讀到一句有趣的話，還可以談談天地多麼廣闊。

我們為什麼總是要和自己糾纏？為什麼總是在人我的區分裡糾纏，評判是非？魯迅說：「當我開口，我感到空虛。」這是一個文學家的透徹。空虛的進一步，應該是豁達，而不是悲觀。

當你開口，要放棄「我」這個主詞，這是一個障礙，一個負面的詞語，把你引向封閉和煩惱。在真正的言說裡，沒有人稱，雲淡風輕。

語詞很重又很輕盈，是那種不執著和不黏滯的輕盈。佛最後說：「我說了嗎？」祂其實什麼也沒有說，法就在那裡，靜靜地在那裡。你不必開口，你也可以開口，重要的是無論開口或沉默，你的心都在傾聽。如果可以用「我」這個詞語的話，那「我」就只是在路上，「我」所要告訴你的只是關於找尋的故事，找尋出口、找尋道路。

當然，連找尋也是徒勞的。為什麼要苦苦地找尋？你能夠找到什麼？你找到了所要找尋的，又會怎麼樣呢？因而，我能夠用「我」這個主詞告訴你的，只是「我沒什麼東西能夠告訴你」。

如果我正在說話，那個說話的人並不是我，而是空氣、或者陽光、或者雨點。已經很久沒有聽到雨落在瓦上和樹葉上的聲音了，如果你安靜下來，可以和雨點、和樹葉聊天，可以和夜色裡的花朵聊天。

自然而然地發聲。

你的話也可以如此。為什麼一定要想著說服別人？為什麼一定要想著讓別人瞭解自己？當話從你的舌尖上流出，應當像水流過草地，風吹過樹梢一樣。

現在就坐下來，就在此地，就這麼一些人，就這樣坐下來，有人開始說，不知道誰在說，我們說了很多，但沒有人感到語詞的壓力，就像沐浴在春風裡。

第五課

擺脫憂鬱的方便法門

如何面對死亡？如何面對煩惱？如何面對無常？

對於普通人來說，所謂佛法，其實不過是活法，是佛陀開示如何活著的道理。

惡念頭，毀千年善緣；善念頭，消千年惡緣

歸依佛，要供養佛、法、僧三寶。佛是一個外在的偶像嗎？或者是一個神嗎？法是佛經嗎？僧就是和尚、尼姑嗎？

惠能解釋：「佛，就是覺的意思；法，就是正的意思；僧，就是淨的意思。」又說：「佛經中只說歸依佛，沒有說歸依他佛。」也就是說，沒有外在的偶像或神靈讓我們膜拜，而要回到自己身上，從自性中去發現佛。佛在我們的自性中，我們要把自己的生命交給自己，安身立命的關鍵就在自己身上。

惠能才會說：「從我們自己的色身上歸依清淨法身佛，從我們自己的色身上歸依千百億化身佛，從我們自己的色身上歸依當來圓滿報身佛。」所謂歸依，變成了我們如何回到自己的心，以及我們的心如何「動」的問題。

歸依清淨法身佛，變成了心理問題：你想什麼就會做什麼。用惠能的話說：「當你想著惡事時，就會引發惡行；當你想著善事時，就會引發善

行。」所謂歸依清淨法身佛，就是去除「不善心及不善行」。

再進一步，你想什麼就會變成什麼。滿腦子罪惡的想法，你的處境就變成了地獄；滿腦子良善的想法，你的處境就變成了天堂；有害的行為使你變成畜生；慈悲的行為使你變成菩薩。

我們要度化自己，這是千百億化身佛的意思。你的所想所為決定了生命的形姿。

最終，你的來生決定於當下所想、所為。一個惡的念頭可以把積了千年的善緣毀滅，而一個善的念頭可以消滅千年的惡緣。歸依當來圓滿報身佛，就是要自己覺悟、自己修行。

歸依佛，最終仍是歸依自己，歸依自己的本性。

覺悟即佛聖，迷惘則庸眾

偶像是我們心造的幻影。人們創造偶像，只是為了求得保護。每天口念「菩薩保佑，菩薩保佑」，菩薩真的能保佑嗎？如果念一念就能保佑，豈不是人人可得，世界再無痛苦、不幸。但事實上，苦難從未停止。

如果需要心誠才能靈驗，那麼不是菩薩保佑了你，是你的心保佑了自己。

達摩說的「廓然無聖」，惠能說的「歸依自性三寶」，簡單而意蘊深遠，剎那間打開了我們的心窗。沒有什麼佛聖，沒有什麼偶像，如果覺悟了，你就是佛聖；如果迷妄了，你就是庸眾。當你深深地凝視這個世界，有形的色相其實有著共同本性，只不過因為不同的因緣、不同程度的覺悟，造成了形相的差異。

歸根究柢，哪有什麼偉大與平凡的差異呢？

偶像一旦成為偶像，就只是一種形式或儀式，他本具備的生動性與複雜性全部被剝離。比如，孔子、釋迦牟尼等都是有血有肉的人，正因為他們煩惱、茫然，使得他們更具魅力。一旦被塑造成偶像擺放在廟堂裡，他們生命的光與色就全然消失了，只剩下枯竭的軀體。

丹霞天然禪師曾經巧妙地告訴別人，從木製佛像裡找不到佛骨。那是一個寒冷的冬天，天然禪師為了取暖，拆下了佛像焚燒。寺裡的主人覺得他太不像話了，出言譏諷他，他就說：「我焚屍尋找佛骨。」主人便說：

「木頭裡哪有什麼佛骨？」天然立即說：「既然這樣，為什麼還要責怪我？」

確實，他燒的只不過是木頭。

真正的功德

梁武帝篤信佛教，修了不少寺廟，供養了大批僧尼。那時，印度的達摩大師漂洋過海來到中國。梁武帝立即請他進宮，與他討論佛學。武帝首先就問：「如何是聖諦第一義？」即佛法的真義是什麼？這是一個基本問題，幾乎所有學佛的人都必然要經過這樣的問題，因為人的覺悟必先從人生意義的追問開始。在禪宗的公案中，不少徒弟問過這樣的問題，而每個師父均有不同的回答。

達摩的回答是：「廓然無聖。」廓然無聖的意思是「空空寂寂，並無佛聖」。

武帝覺得有點奇怪，就問：「對朕者誰？」既然廓然無聖，那麼，在我面前的是誰呢？

達摩平靜地說：「不識。」武帝無法繼續對話，因為達摩的思路與他完全不同，好像是來自另一世界的聲音。

武帝岔開話題，說：「朕自登九五以來，度人選寺，寫經造像，有何功德？」武帝心中一定覺得自己功德圓滿，他為佛門做了那麼多的事情，難道沒有功德嗎？

達摩的回答出乎意料，他說：「沒有功德。」

武帝不太服氣，問為什麼。達摩解釋說：「此是人天小果，有漏之因，如影隨形。雖有善因，非是實相。」在達摩看來，梁武帝的行為還是世間的因果，做點善事就有了善的果報，所以說是人天小果，但不夠究竟、不夠徹底，並不是最終的解脫。

真正的功德是什麼呢？達摩說：「淨智妙圓，體自空寂。如是功德，不以世求。」

梁武帝覺得達摩所說離自己太過遙遠，變了臉色，再沒有興趣談下去。達摩也知道與武帝之間沒有默契，就在那年的十月十九日悄然渡過長江，進入中國北方。

梁武帝造寺度僧，布施設齋，為什麼達摩說他沒有功德？以惠能的理解，達摩講的並沒有錯。武帝心中有邪念，想憑這些行為求得福報，先有了一份私心，然而功德只能在自己心中求取，那麼何謂功德？又怎麼在他人心中求取呢？見到自性叫作功，有平等心就叫作德；心念如行雲般舒展、自然、毫無掛礙，又恆常地顯現本性的真實妙用，就叫作功德。每一個念頭、每一個思緒從不間斷，也不偏離自性就是功；每一種持心、每一種行為都率性而為、平和正直就是德。

梁武帝不明白福報與功德之間的區別，達摩不斷點撥，他卻不能醒悟，終究無法走上解脫之路。他的行為本身沒有什麼不對，許多人幫助別人，捐出自己的錢物，確實是做好事，問題在於梁武帝與其他人一樣，做好事時起心尋求回報，所以仍不是最終的覺悟。

破灶禪師指點灶神

有人生活在人間，然而，我們不知道他從何而來，曾做過什麼。他住在某個地方，與任何人往來都平平淡淡的，如同孤雲野鶴正好到此，就在這裡暫且棲息。
破灶禪師就是這樣的人。他隱居在嵩山，沒有人知道他的年齡、姓名，只覺得他很奇怪。
嵩山附近有一座廟，裡面放著灶。老百姓認為是灶神，不斷來祭祀，烹殺了不少家禽牲畜。
一天，破灶禪師領著一班小和尚到了廟裡，他用拄杖敲了灶頭三下，說：「咄！這只灶頭是泥瓦合成的，哪有什麼聖靈？竟然要人烹殺活物祭祀！」又敲打了三下，灶便碎裂倒塌。
不一會兒，一個身穿黑衣、頭戴高帽的人來向禪師鞠躬禮拜。
禪師問：「你是何人？」
「我就是這廟的灶神，受因緣報應已經很久了，今天承蒙禪師您給我講了無生無滅之法，才能脫離此地，轉生到天界，特來致謝。」
破灶禪師聽了，不以為意地說：「不必謝我，這是你本有之覺性，並非我強言開示的結果。」
灶神再次禮拜後，轉身消失了。小和尚們看到這一切，十分迷惑，問禪師：「我們侍奉您這麼多年，得不到指點，這個灶神到底得到了您什麼指點，能夠往生天界？」

禪師說：「我只不過向他說：灶是泥瓦合成的，別的什麼也沒說。」

小和尚們一時愕然。

禪師卻不放過，隨即逼問他們：「領悟了嗎？」

小和尚們答：「沒領悟。」

禪師說：「這是本有之性，為什麼不能領悟？」

小和尚們就向禪師禮拜。

這時，禪師突然叫道：「破了！破了！破了！」

禪師所說的「破了，破了」指的是小和尚們終於破除各種成見，在那個時刻領悟到了因緣和合的道理。

佛祖救度眾生的四種工具

惠能的弟子智常早年在白峰山向大通和尚學習，因心中仍有疑問，於是就去曹溪求教於惠能。

智常問：「佛說救度人的工具有三種，就是小乘、中乘、大乘，可是他又說還有最上乘。我不明白這話的意思，請大師指示。」

惠能回答：「你應該靜下心來，從自己內心省察。只要擺脫了別人所說的種種分別的道理，就會發現，道理哪有這麼多分別？救度人的道理也沒有四種之分。人的智慧勉強可以分為四等，所以才說有四種救度的工具。見、聞、讀、誦是小的救度工具；瞭解佛的言辭與經中的意義，是中等的救度工具；依照佛的教訓而修行，是大的救度工具。一切道理盡通，盡備於心，不再有雜念，而且擺脫了道理的束縛，空空蕩蕩，一無所有，一無所得，是最上等的救度工具。最上等的救度工具必須有最上等的實踐，不在口頭的爭論。你必須自己修行，不要問我。」

有另一個故事。

崇慧禪師的徒弟問他：「達摩沒有來中國時，我們有沒有佛法？」

崇慧說：「沒有來的事暫且放下，現在的事怎麼樣？」

徒弟說：「我不領會，請師父指點。」

崇慧說：「萬古長空，一朝風月。」

徒弟一時語塞，崇慧問他：「領會了嗎？」

徒弟說還沒有，於是崇慧進一步開導他：「你身上的事與達摩有沒有來有什麼關係呢？達摩他老人家好比一個占卦的漢子，見你不領會就為你占一卦，卦文是吉是凶，盡在你身上，一切自看而已。」崇慧認為佛法與天地長存，不依達摩來否而變，而禪悟是個人的事，應該著眼自身、著眼現實。

高興不起來

有時候覺得情緒很低落、很無助、很悲觀，什麼事也不想做，甚至想著怎麼死比較好。不想找朋友聊天、不想工作、不想逛街……覺得什麼都沒有意思。確實，一切都會消失，但活著總得找點事做，做點能夠讓我們安靜下來的事，做點能夠讓自己成為自己的事，做點能夠讓我們成長的事。

試著坐下來，慢慢讀佛經，或者抄寫佛經，比如《金剛經》、比如《法華經》，慢慢地讀，慢慢地抄寫，一字一字地讀，一字一字地抄。即使你不瞭解經文的意義也沒有關係，只要安靜地讀、寫就可以了。佛經流傳了千百年，經文裡積澱著一些資訊，將不知不覺地影響你。

宗薩蔣揚欽哲仁波切說：「哪怕你每天只念《金剛經》裡的幾個偈頌，也比念很多不知道該怎麼念，或者該如何觀想的心咒更有價值。如果可能，你應該手抄這部經書，然後送給別人做禮物，那應該會很有益處。」

試試看，每天用一段時間，讀讀、寫寫某一部佛經。如果你喜歡《金剛經》，就一直讀、寫《金剛經》；如果喜歡《法華經》，就一直讀、寫《法華經》，不需要換來換去，甚至不需要讀很多、寫很多，只要一句話就可以；如果你喜歡淨土宗的說法，就每天不時地念誦阿彌陀佛，將獲得你無法想像的改變。

害怕與人交往

有時候會覺得很沮喪，覺得世界和我作對；今天辦公室那三個人嘰嘰咕咕，是在議論我的穿著吧？那個同學又去美國了，而我還在這裡，為什麼我總是不如別人呢？還不如死去，開始琢磨自殺的方法，跳樓，有點害怕，割脈，會流血啊……

我曾經有一段時間害怕和別人交往，就像張愛玲說的：「當我和人有所交接的時候，感到空虛。」我喜歡自己一個人在房間裡琢磨各種事情，特別喜歡琢磨死亡的方法；慢慢地，我覺得自己陷入一個暗黑的洞穴。有一天，我經過嘈雜的菜市場，很多人在吆喝，我突然看到一隻垂死掙扎的雞，那畫面擊中了我。那一刻，我開始覺得應該琢磨琢磨活的方法。

你不去琢磨也會死亡，死是不需要方法的；而活著的方法，每個人都不一樣，是可以選擇的。你可以選擇從商，他可以選擇出家。怎樣活著是需要思考的。

「怎樣活著」是很大的題目，有一個方法也許可以試試，試著去思索佛的義理。佛法來自對生命的思考：如何面對死亡？如何面對煩惱？如何面對無常？對於普通人來說，所謂佛法，其實不過是活法，是佛陀開示的關於如何活著的道理。

在你胡思亂想的時候，不妨試試把思緒收回來，集中在佛理的思考上。比如，好好思考惠能「本來無一物」的意思，好好思考「凡所有相皆是虛妄」的意思。

就像身體需要不時遠行，不時拓展眼界，思想也需要不時遠行。不要總是想著如何應付日常工作，如何賺錢，思想必須不時遠行。

只有走到遠方，才能看清自己。只有走到遠方，才能回到自己的家。

從現在開始，好好想一想「當下即是」的意思，慢慢去琢磨，不急於找到答案，答案就在你的遠行裡。過一段時間，看看有什麼改變發生。

感覺前途黯淡

覺得煩躁，覺得前途一片黯淡，怎麼辦呢？去看電影、去購物、去游泳……做一些事情轉移注意力，舒緩情緒。當我們憂鬱低落時，做一些娛樂的事、做一些有趣的事，讓情緒得到暫時緩解。不過，這些事情只是外在之事，只在短時間讓我們分散注意力，短暫放鬆。

不妨去做另外一些小小的事情，能夠徹底改變生命的事情——修行。

你可能覺得修行是很高深、很複雜的一件事，其實，佛學的修行很簡單，雖然簡單，卻可以真正改變生命的質地。修行的關鍵是真正去做，馬上去做。

活著的意義在於做一點有意義的事情。

當你憂鬱的時候，試試看，從一些有意義的事情開始，從一些很小的事情開始修行，比如，不說別人的是非，一般人都明白這個道理，但往往做不到。你能不能從現在開始不說別人的是非，如果堅持去做，你的人際關係會徹底改變。再比如，不要只抱怨環境很骯髒，抱怨別人亂扔垃圾，從現在開始，見到地上的垃圾就撿起來扔到垃圾桶。

弘一大師坐下前都要看看座位上有沒有螞蟻之類的小動物，以免傷及牠們。這是一個小小的舉止，但蘊含著慈悲的大情懷。

活著，不是活在浮詞上，也不是活在空洞的理念上，而是活在一個又一個生動的當下，活在每個當下的行為舉止裡。所以，生活的提升從每個言行舉止開始。如果我們把生活看作是不斷完善的自我修行，那麼憂鬱也罷，焦慮也罷，種種的人生問題，都能夠在修行的旅途中慢慢化解。

第六課

遇見無牽無掛的六祖惠能

最終的存在是寂靜。
所謂死亡，不過是回到了寂靜，回到了最終的存在。
所以，不值得悲，也不值得喜。

守也守不住，有生就有滅

十九世紀法國最著名的現代派詩人波特萊爾（Charles-Pierre Baudelaire）說：「人生就是一所醫院，這裡每個病人都被調換床位的欲望纏繞著。這一位願意到火爐邊去呻吟，那一位覺得在窗戶旁病才能治好。」至於他自己，「哪兒都可以，只要不在這個世界上。」他有一首詩〈邀旅〉，反覆吟詠的是：「到那裡去……那裡，一切只是整齊和美，豪奢、平靜和那歡樂迷醉。」

是的，只要不在這個世界上，去哪兒都可以。

我們每個人從孩提時代起，就沾染了對財物的占有欲，自己的玩具藏得好好的，不肯拿出來給鄰居家的小朋友玩。那時，我們就已經習慣說：「這是我的。」成長的過程幾乎就是一個積聚的過程，從一無所有到有了自己的房子、生活用品、收藏品，還有一本本存摺、一張張證券。我們在自家門口裝上了防盜系統，又在每一個抽屜上鎖。我們離開家時，擔心錢包被人偷走或搶走；在工作中，又擔心位置被人奪走。

人的一生像波特萊爾所說，是一所醫院，不過，調換床位的欲望還只是表面的痛苦，真正痛苦的核心在於我們總是處於求取或守住的狀態。

我們把生命中最寶貴的時光，都用在追求財物、名聲，然後為守住這些財物和名聲，步步為營。

無論求取還是守住，都是煩惱。過程裡有快樂，但不能長久，即使最終成功地獲取了名聲和財富，死亡也會帶走一切。

因而，我們總是期望著一個理想的世界，沒有失去，沒有煩惱，沒有死亡。

佛陀的思考也是從這個起點開始的。他經歷了這個世界上最榮華的生活，然後，在王宮門外看到貧困、疾病、死亡，他開始思考如何出離這個世界上的煩惱、痛苦，而達到永恆的解脫。這是佛教的根本議題，用梵文表述就是摩訶般若波羅蜜，意思是「出離塵世到達彼岸的大智慧」。

做為佛教徒，惠能所要面對的仍是這個根本議題。他在大梵寺講什麼呢？就是摩訶般若波羅蜜法，意即到達彼岸的法門。他講了自己的生平事蹟，講了戒、定、慧，又講了無念，講了歸依。既然歸依了佛、法、僧，就可以談談怎樣到達彼岸了。

戒、定、慧也罷，無念也罷，歸依也罷，人們之所以歸依佛，之所以尋求佛法啟迪，目的只有一個：出離這個世界的苦厄，恆久地處於和樂之中。

生活不在別處，就在此時此地

彼岸，按照中文的意思，就是對岸，是此岸的對面，不同於此岸的「別處」。

那麼，佛祖所說的「彼岸」在哪裡呢？在天上？在西方？我們如何走過去呢？惠能的解釋是「彼岸並不在天上，也不在西方，不在別處，而就在此處。」他用水來比喻，當浪花飛濺的時候，就是此岸，當水長流的時候，就是彼岸。魚一直在水中，一直在塵世中，你無法離開塵世，就像魯迅說：「揪住自己的頭髮，以為可以飛上天，那是自欺欺人。」

為什麼會起浪呢？因為受了外緣的觸動，例如風，例如有人往水裡扔了石頭。煩惱也是如此，因為我們的心受了外境的影響；但是，水底是平靜的，存在的本色也如此寂靜，是一種絕對的空無。

惠能的意思非常清楚，我們只能在此岸中抵達彼岸，並沒有另外一個「別處」。

如何在此岸抵達彼岸呢？水的比喻指示了一個方法：當浪花飛濺的時候，我們必須穿透動態的浪花，捉到永恆的、不會改變形姿的水。當我們面臨日常變化萬千的事物時，應該當下就透過眼花繚亂的表象，觸摸到變化背後不變的東西，要能聆聽寂靜；我們應當從不變的事物中體悟到變化，體悟到無常。如果我們的心能夠如此應對一切，無論做什麼，都可以身處此處，又同時出離此處，沐浴在彼岸安詳恆在的光芒裡。

愚公移山的心態

歸根究柢，到彼岸並非我們的身體到了彼岸，而是我們的心覺悟，明白了一切現象的究竟，從而到了彼岸。怎樣才算是覺悟了？惠能在解釋「摩訶」這個詞時做了回答。

摩訶的意思是「大」，什麼需要大呢？是我們的心。心要大到什麼程度，才是真正的解脫？心量廣大，猶如虛空。

當我們的心量如虛空那樣廣大時，就能夠自在地在人間行走，每一個剎那都在日常裡生活，同時，每一個剎那都在彼岸。

虛空有多大？像天與地？其實比天與地更大，是無限。當惠能說「心量廣大，猶如虛空」，他要我們從有限的當下，剎那間昇華到無限的永恆。正像泰戈爾（Rabindranath Tagore）所說：「人要擺脫日常的苦惱，必須要體驗無限性。」

每個當下，每個我們置身其間的當下，都是有限的。時間是有限的，空間是有限的，同時，每個當下連接著無限。只是我們常常被塵世的算計所淹沒，而忘了每個當下蘊含著無限，而這個無限才是存在的底色。如果你能在當下覺知到無限，那麼有限就消失了。

一個人不可能搬移一座山，這是一種有限性，我們好像沒有辦法超越；但是，愚公並不這樣想，他說：「我挖不完，死了，有我的兒子，兒子死了以後，又有孫子，子子孫孫，無窮無盡。」這個故事流傳甚廣，有多種解讀。對我而言，愚公的啟示在於用無限性化解了現實困境。

人的一生只不過是無限時間裡的小小一刻。然而，一旦我們把這小小一刻放在無限的過去和未來，那麼一切的困難和快樂都不那麼重要了，就可以用不計較結果的心態來做任何事情，行動就是一種喜悅。

如果我們不斷冥想無限的時間、空間，我們自己以及目前所遭遇的一切，不過是一個註定消失的片刻，一個無限整體中微不足道的點。過去的過去，未來的未來，大地以外、星空以外是浩茫的虛空，永遠無法窮盡。當下所謂的煩惱，算什麼呢？

超然物外的六祖惠能

我們在日常的瑣事裡，一天天消磨著。比如，你在辦公室或者在路上，遇到了人際問題，或者遇到交通事故，每天都是或大或小的煩惱，或強或弱的喜怒哀樂。

因為得到而快樂，因為失去而痛苦。當惠能說「心量廣大」，是希望我們拓展視界，天地如此廣闊、無限，如果能夠從日常裡返身，回到天空、大地、無垠裡，日常瑣事就無法再磨蝕我們的生命。好像獲得了一個遙遠的視點，從無限遠的遠方來看我們身處的塵世，一切都變得微不足道，一切都變得輕如夢幻。

如果進一步把自己融入無限性裡，身體還是身體，日常還是日常，但是心卻可以超越此時此地、超越日常，以一種虛空的態度來觀照此時此地。

什麼叫虛空的態度？惠能說得很明白：「世界虛空，能含日月星辰、山河大地、一切草木、惡人善人、惡法善法、天堂地獄，盡在空中。世人性空，亦復如是。性含萬法是大；萬法盡是自性。見一切人及非人、惡之與善、惡法善法，盡皆不舍，不可染著，猶如虛空，名之為大，此是摩訶。」

其實，這是超然物外的心境，從容淡定的風度。禪宗也講究善惡，講究行善積德，對大眾而言，只要守住「諸惡不作」的戒律，就可以獲得內心的平靜。但是，在終極的層面上，無論哪種流派的佛教，都講究超越善惡，超越一切的二元分別。這一點很容易引起誤會。

有人覺得惠能的說法矛盾，他一會兒說「十善是天堂」之類的話，意思是要人們想的、做的都是善事，不想、不做惡事，顯然是有善惡之分的；同時，又說要不起分別心，「一切善惡都莫思量」，又彷彿連善惡都不分。

如果分成兩個層面來理解，就不覺得矛盾了。人可以遵守社會關於善惡的規訓，區分善惡；而在終極層面，觀照到善與惡實則是一種空，並不具有實在性。因而，對於善與惡都有一種悲憫的情懷。不宣導惡也不宣導善，根本上，並無善惡的界線，自然的本性沒有善也沒有惡，只要如其本然地去想、去做。

如何理解「煩惱即菩提」？

如果我們的心能夠像虛空一樣，就可以從有限的當下，延伸到無限永恆；如果我們的心能夠像虛空一樣，可以包容一切的一切，既不想著「占有」它們，也不想著「捨棄」它們。如果我們的心像虛空一樣，就不會再沉溺於個人的功名利祿，而會把目光放在自我以外的人群、自然之上。

嘗試著進入眾生、自然的深處，我們會漸漸變得柔和、安寧，會對每一個人顯現慈悲與愛，會在每一次利益相爭之際顯現出謙讓與平和，對所謂的敵人表現出寬容和忍耐。

我們常常埋怨受到冷遇、陷害，如果換一種想法，歧視、迫害、侮辱未嘗不是最佳的精神修煉方法，因為在過程中，我們培植堅毅、自尊、自強的個性。

有人成功後對曾加害自己的人一一報復，而智者卻對曾加害自己的人表示感恩。確實，唯有敵人才使我們有機會考驗自己，並修養自己的耐性。在對敵人的忍耐、寬容乃至慈愛之中，才算徹底解除了自我的執縛，變成無所畏懼的人。

如果我們的心像虛空，就會越過自我的界限，去關注一切可見和不可見的、與我們共存或曾經存在過的、將來會存在的。形形色色的世界，在自我的界限以外雜亂無序地運行，沒有邏輯，當我們想到這一切，想到那些榮辱浮沉，會感覺自我的悲歡多麼渺小。

如果我們的心像虛空，無論面對什麼，都將做到如如不動。

讓我們來看看神會的解釋。神會認為虛空本來沒有變化，不因為明亮來了就明亮，黑暗來了就黑暗，暗的虛空也就是明的虛空，明的虛空也就是暗的虛空，明、暗雖然各自產生、消滅，但虛空本身並沒有改變。「煩惱即菩提」的道理也是如此，迷悟雖然不同，但菩提本心卻沒有變化。

心像虛空，無論怎麼喧嘩，我們都能夠聽到並安心於寂靜。樹葉黃了，你會感傷；樹葉綠了，你會喜悅，但是感傷也罷，喜悅也罷，都有澄明的質地，因為你已經把握到黃與綠的本質都是虛空。你看到的以及你觀看的姿態，都在虛空裡。

透過念佛可以達到極樂世界嗎？

使君問惠能：「透過念佛可以到達西方嗎？」

惠能回答：「時刻守持著自己的本性，那麼，彈指間就可以到達西方。使君，只要你不斷行善事，又何須祈求往生西方？如果不能斷除惡念惡行，又怎麼會有佛來請你去西方？如果你明白了無生無滅的頓教法門，剎那間就可以到達西方。不明白頓教大乘的道理，無論怎樣念佛，西方的路都很遙遠，如何到達呢？」然後，惠能對他說：「你想見到西方嗎？」

使君回答非常想看到西方。

於是，惠能說：「一時見西方，無疑即散。」惠能的意思是此刻我們已經見到西方了，沒有疑問的就散去吧。

大家很驚愕，不知道西方在哪裡。惠能又講了一番「只要見到自性，就等於見到了西方」的道理。

後來的禪師大概不會像惠能那樣有耐心，你不明白就再去好好想、好好參悟，等契機到了，自然明白。

座下的聽眾從四面八方聚集在大梵寺，聽惠能講授解脫的法門。惠能告訴他們，此時此刻，你已經在西方了，如果具備一種叫作般若的大智慧，不必大老遠地尋找什麼西方，西方就在你自己身上。如果隨時隨地都能夠處於般若觀照，隨時隨地都在西方。所以說西方很近，也很遠。對於覺悟的人而言，很近；對於愚癡的人而言，很遠。

遇見無牽無掛的六祖惠能

惠能臨終前，和他的弟子談到怎麼對待他的死亡。他要求弟子不能像一般人哭哭啼啼。如果學佛的人連死亡都沒有參透，根本談不上覺悟。他再次提醒弟子：「最終的存在是寂靜。」所謂死亡，不過是回到了寂靜，回到了最終的存在，所以，不值得悲，也不值得喜。

因為本來就沒有生，也沒有滅，沒有來，也沒有去。如果你能按照佛法修行，就和佛陀在一起；如果你不修行佛法，就算佛在世間，還是沒有和祂在一起。身體相處在一起的時光很短暫，但是心性的相通卻能夠超越時間和空間。

所以，死後的葬禮儀式，完全沒有必要。

惠能還和他的弟子們談到佛法的繼承問題。他認為「佛法已經傳遞了」，叫法海等人不必操心。在惠能之前，歷來用衣袍來傳承佛法，在他看來沒有必要。惠能認為任何智慧、終極真理，在時間的河流裡，不必借助外在儀式或宗門法規加以傳播、發揚，它們本身就在人心深處，像一股活的清泉，永遠清澈流淌。

敦煌版《壇經》裡，惠能描述了禪宗的脈絡，以釋迦牟尼佛為第七祖，達摩為三十五祖，惠能自己是第四十代。他又講解了中國禪宗的脈絡，以達摩為始祖一直到惠能，共有六位祖師。他將五代祖師傳衣法時的頌詞告訴法海，並以幾首頌詞為依據，認定衣法傳遞到他自己，就不能再往下傳了。

講完禪宗的源流，惠能作了一首〈自性見真佛解脫頌〉，及門人告別。在這首頌裡，惠能再次強調：最終的、不起分別心的本性就是真正的佛，而要達到佛的境界，不能向外去尋求，不能指望別人幫你完成。只有自己覺悟了，才能真正遇到佛。

他叮囑門人，千萬不要像世俗人那樣悲悲泣泣，更不可以接受別人弔唁的金錢和布匹，不要穿孝衣……

當天深夜，惠能大師圓寂，享壽七十六歲。

第二部分

《六祖壇經》原文及優美白話譯文

惠能大師於大梵寺講堂中，升高座，說摩訶般若波羅蜜法，授無相戒。

其時，座下僧尼、道俗一萬餘人，韶州刺史韋璩及諸官僚三十餘人，儒士三十餘人，同時請大師說摩訶般若波羅蜜法。刺史遂令門人僧法海集記，流行後代與學道者，承此宗旨，遞相傳授，有所依約，以為秉承，說此《壇經》。

【白話譯文】

惠能大師在大梵寺講堂裡，端端正正地坐在法壇上，講授深廣博大、如何超越塵世抵達彼岸的智慧，以及於相而離相的無相戒。

當時，在下面聆聽的有和尚、尼姑以及其他普通百姓一萬餘人，其中韶州刺史韋璩和地方官員三十多人，儒士三十多人，一起恭請大師講授深廣博大、抵達彼岸的智慧。刺史安排門人法海和尚做詳盡的紀錄，以便流傳後代，指引那些學道的人，繼承大師所講的宗旨，一代一代地傳授下去，以這本《壇經》作為一種共同依約。

能大師言：善知識，淨心念摩訶般若波羅蜜法。

大師不語，自淨心神。良久乃言：善知識，靜聽：

惠能慈父，本貫范陽，左降遷流嶺南，作新州百姓。惠能幼少，父又早亡。老母孤遺，移來南海，艱辛貧乏，於市賣柴。忽有一客買柴，遂領惠能至於客店。客將柴去，惠能得錢，卻向門前，忽見一客讀《金剛經》。惠能一聞，心明便悟。乃問客曰：「從何處來，持此經典？」

客答曰：「我於蘄州黃梅縣東馮墓山，禮拜五祖弘忍和尚，見今在彼門人有千餘眾。我於彼聽見大師勸道俗，但持《金剛經》一卷，即得見性，直了成佛。」

惠能聞說，宿業有緣，便即辭親，往黃梅馮墓山禮拜五祖弘忍和尚。

【白話譯文】

惠能大師說：「各位，先把心安定下來，只想著抵達彼岸的大智慧。」

大師立即靜默不語，自己把心沉靜下來，過了很久才說：「各位，請靜靜地聽。」

我的父親本來是河南范陽人，曾經做過官，後來被貶官流放到嶺南，在新州做普通老百姓。我年紀很小的時候，父親就去世了，和母親相依為命，搬到南海住，日子很艱苦，靠在市集賣柴為生。有一天，一位客人想買柴，把我帶到客店裡，正當我要把柴給客人，拿了錢走到門前的時候，忽然聽到裡面有人在讀《金剛經》。」

一聽，我就領悟了，便問那位讀經的客人：「你從什麼地方得到這樣一部經書？」

客人回答：「我到蘄州黃梅縣東邊的馮墓山，去禮拜五祖弘忍和尚，看到他的門下有幾千人。我在那裡聽到大師教導出家的或在家的人，只要守持《金剛經》一卷，就可以發現自己的佛性，直接覺悟成佛。」

我聽了以後，覺得也許是命中有緣，立即辭別老母，到黃梅馮墓山去禮拜五祖弘忍和尚。

弘忍和尚問惠能曰：「汝何方人？來此山禮拜吾？汝今向吾邊，復求何物？」

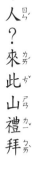

惠能答曰：「弟子嶺南人，新州百姓，今故遠來禮拜和尚，不求餘物，唯求作佛法。」

大師遂責惠能曰：「汝是嶺南人，又是獦獠，若為堪作佛！」

惠能答曰：「人即有南北，佛性即無南北；獦獠身與和尚身不同，佛性有何差別？」

大師欲更共議，見左右在旁邊，大師更便不言。遂發遣惠能令隨眾作務。時有一行者，遂差惠能於碓坊踏碓八個餘月。

【白話譯文】

弘忍和尚問惠能：「你是哪裡人？為什麼來這裡禮拜我？你如今來找我，想尋求什麼東西呢？」

惠能回答：「弟子是嶺南新州的老百姓，大老遠地跑來禮拜和尚，不求什麼，只求成佛的法門。」

大師有意為難惠能說：「你是嶺南人，又是野蠻的打獵人，怎麼能夠作佛呢？」

惠能回答：「人有南北的分別，但佛性並沒有南北的差異；打獵蠻子的身形確實與和尚的不同，但佛性又有什麼差別呢？」

大師聽了，想和惠能再說點什麼，看到旁邊有人，就沉默不語，只是吩咐派遣惠能去做點雜務。當時正好有一位剛剛入寺而沒有正式落髮的行者，負責寺裡的雜役，就讓惠能去碓坊踏碓，一踏就是八個多月。

五祖忽於一日喚門人盡來。門人集已，五祖曰：「吾向汝說，世人生死事大。汝等門人終日供養，只求福田，不求出離生死苦海。汝等自性迷，福門何可求？汝等總且歸房自看，有智慧者自取本性般若之智，各作一偈呈吾。吾看汝偈，若悟大意者，付汝衣法，稟為六代。火急作！」

門人得處分，卻來各至自房，遞相謂言：「我等不須澄心用意作偈，將呈和尚。神秀上座是教授師，秀上座得法後自可依止。偈不用作。」諸人息心，盡不敢呈偈。

【白話譯文】

有一天，五祖忽然把門人全部叫集過來，對大家說：「我想要說的是，我們活在這個世間，生死是大事。你們每天供養佛、法、僧三寶，只為了求福，不是為了擺脫生死的輪回。假如你們的自性迷失了，又有什麼福可求呢？請大家回到自己的房間好好思量，有智慧的人把你本性的智慧呈現出來，作一首偈給我看看。要是哪一個人悟到了佛法的根本，我就把衣法傳給他，繼承為第六祖。快快去想。」

門人得到吩咐，各自回房，相互議論，都說：「我們沒有必要費心思作偈，拿給師父看。神秀上座已經是教授師，肯定比我們領悟得要深。如果他已經得法了，我們只要照著他的偈修煉就可以了。我們實在不必再作偈。」這樣一說，眾人的心都平息了，誰都不敢作偈給和尚看。

大師堂前有三間房廊，於此廊下供養，欲畫楞伽變相，並畫五祖大師傳授衣法，流行後代為記。畫人盧珍看壁了，明日下手。

上座神秀思維諸人不呈心偈，緣我為教授師。我若不呈心偈，五祖如何得見我心中見解深淺？我將心偈上五祖呈意，求法即善；覓祖不善，卻同凡心奪其聖位。若不呈心中偈，終不得法。良久思維，甚難甚難。夜至三更，不令人見，遂向南廊下中間壁上題作呈心偈，欲求衣法。若五祖見偈，言此偈語，若訪覓我，我見和尚，即云是秀作。五祖見偈，若言不堪，自是我迷，宿業障重，不合得法。聖意難測，我心自息。秀上座三更於南廊中間壁上，秉燭題作偈。人盡不知。偈曰：

身是菩提樹，心如明鏡臺。
時時勤拂拭，莫使惹塵埃。

神秀上座題此偈畢，卻歸房臥，並無人見。

【白話譯文】

五祖居處的廳堂前有三間房廊，在廊下供養佛法，打算把《楞伽經》的故事畫下來，同時畫上禪宗自達摩以來五位祖師傳法的情景，以便一代一代地流傳下去。畫家盧珍察看了牆壁以後，準備第二天就動手畫畫。

神秀上座明白大家不肯獻偈，是因為自己已經是教授師。但他想到：如果我也不去作偈呈給師父看，師父又怎麼知道我覺悟的程度如何呢？我把自己真實的領悟寫成偈呈給師父，是為了尋求佛法，而不是為了爭取祖師的地位；如果為了爭取祖師的地位，就和俗世爭名奪利一樣了；假如不把心中的領悟寫出來給大家看，終究得不到佛法。這樣想來想去，難以決定，終於想到一個辦法，深夜悄悄地走出房間，不被人看見，去南廊中間的牆壁上題寫一首偈，為求得衣法。他的考慮是，如果五祖見到偈，覺得還可以，問起是誰寫的，我就告訴師父是自己寫的。如果五祖覺得這首偈根本沒有入門，那麼就說明我還在迷失之中，不應該得到衣法。師父如何評判，很難推測，不如寫完就不去想它了。於是，神秀就在深夜去了南廊，拿著蠟燭，在中間的牆壁上題寫了一首偈。大家都在睡覺，誰也不知道。偈是這樣的：

身是菩提樹，心如明鏡臺。
時時勤拂拭，莫使惹塵埃。

神秀寫完後就回房了，沒有人見到他。

五祖平旦，遂喚盧供奉來南廊下畫楞伽變。五祖忽見此偈，請記。乃謂供奉曰：「弘忍與供奉錢三十千，深勞遠來，不畫變相也。《金剛經》云：凡所有相，皆是虛妄。不如留此偈，令迷人誦。依此修行，不墮三惡道。依法修行，有大利益。」大師遂喚門人盡來，焚香偈前。眾人見已，皆生敬心，喚言：「善哉！」

五祖遂喚秀上座於堂內問：「是汝作偈否？若是

汝作，應得我法。」

秀上座言：「罪過，實是神秀作。不敢求祖，但願和尚慈悲，看弟子有少智慧，識大意否？」

五祖曰：「汝作此偈見解，只到門前，尚未得入。凡夫依此偈修行，即不墮落。作此見解，若覓無上菩提，即不可得。要入得門，見自本性。汝且去，一兩日思維，更作一偈來呈吾。若入得門，見自本性，當付汝衣法。」秀上座去數日，作偈不得。

【白話譯文】

天亮以後，五祖叫來盧珍，去南廊下畫《楞伽經》的故事。忽然見到神秀的偈，就對盧珍說：「我給了你三萬錢，勞煩你大老遠過來，本來想讓你畫《楞伽經》，但我現在不想畫了。《金剛經》說：一切名相，都是虛妄。不如留下這首偈，讓迷失的人誦讀。按照這首偈所說的修行，就不會墮入『三惡道』，也就是不會下地獄，不會變成餓鬼，不會轉世成人以外的其他動物。依照這個方法修行，可以得到很大的收穫。」大師把門人全部召集起來，在這個偈前焚香禮拜。眾人讀後，都生出敬畏之心，讚歎說：「真好！」

五祖把神秀叫到屋內，問：「是你寫的吧。如果是你寫的，應該說已經得到我的法門了。」

神秀回答：「實在慚愧，的確是我寫的。不敢求取祖師的地位，只希望師父慈悲，看看弟子是否有一點智慧，領悟了大概的意思沒有？」

五祖說：「你這首偈所包含的領會，只是到了門前，還沒有到達最終處。一般人按照這個修行，可以不致墮落。但憑藉這樣的領會，想要尋求最高的佛法，就不可能。進了門後，還要發現自己的本性。你先回去，想一兩天，再作一首偈來，假如能夠發現自己的本性，到達最終的覺悟，我就把代表著法的衣袍傳給你。」神秀回去，想了幾天，沒有想出新的偈。

有一童子於碓坊邊過，唱誦此偈。惠能及一聞，知未見性，即識大意。能問童子：「適來誦者為何偈？」

童子答：「你不知大師言生死事大，欲傳衣法，令門人等各作一偈，來呈吾看，悟大意即付衣法，稟為六代祖。有一上座名神秀，忽於南廊下畫無相偈一首，五祖令諸門人盡誦。悟此偈者即見自性，依此修行，即得出離。」

惠能答曰：「我此踏碓八個月餘，未至堂前。望上人引惠能至南廊下見此偈禮拜。亦願誦取，結來生緣，願生佛地。」

童子引能至南廊下。能即禮拜此偈，為不識字，請一人讀。惠能聞已，即識大意。惠能亦作一偈，又請得一解書人於西間壁上題注，呈自本心。不識本心，學法無益，識心見性，即悟大意。惠能偈曰：

菩提本無樹，明鏡亦非臺。

佛性常清淨（後作本來無一物），何處惹塵埃。

又偈曰：

心是菩提樹，身是明鏡臺。

明鏡本清淨，何處染塵埃。

院內徒眾見能作此偈，盡怪。惠能卻入碓坊。

【白話譯文】

有一個小和尚經過碓坊時，吟誦著神秀的偈。惠能一聽，便覺得還沒有真正覺悟。惠能問小和尚：「你剛才吟誦的是什麼偈？」

小和尚說：「你不知道嗎？大師說生死是大事，想要傳授衣法，讓門人各自作偈，看看誰真正明白了佛法。誰明白就讓誰做第六祖。神秀上座在南廊下題寫了一首無相偈。五祖讓我們大家都來背誦這首偈。理解了這首偈就能發現自性，按照這個方法修行，可以超脫生死輪回。」

惠能說：「我在碓坊做了八個多月活，還沒有去過廳堂前。你帶我到南廊那裡去看看那首偈並禮拜它，好嗎？我也非常希望好好誦讀，為來生結個善緣，可以往生佛的國度。」

小和尚領著惠能到了南廊下。惠能立即向神秀的那首偈禮拜。因為不識字，就請人讀給他聽，惠能聽完，知道了它的意思。自己也作了一首偈，請了別人題寫在西邊的牆壁上，寫出來的偈發自他的本心。如果不能把握自己的本心，學習佛法也只是表面工夫，並無益處，認識到自己的本心並發現成佛的可能性，才算明白了佛法的根本。惠能的偈是：

菩提本無樹，明鏡亦非臺。

佛性常清淨（後作本來無一物），何處惹塵埃。

又寫了一首：

心是菩提樹，身是明鏡臺。

明鏡本清淨，何處染塵埃。

寺院裡的人見到惠能寫了這樣的偈，都有點奇怪。惠能寫完後仍回碓坊幹雜活去了。

五祖忽來廊下，見惠能偈，即知識大意。恐眾人知，五祖乃謂眾人曰：「此亦未得了。」

五祖夜至三更，喚惠能堂內說《金剛經》。惠能一聞，言下便悟。其夜受法，人盡不知，便傳頓教及衣，以為六代祖。將衣為信稟，代代相傳，法即以心傳心，當令自悟。五祖言：「惠能，自古傳法，氣如懸絲，若住此間，有人害汝，即須速去！」

能得衣法，三更發去。五祖自送能至九江驛，登時便別。五祖處分：「汝去努力！將法向南，三年勿弘此法。難起已後，弘化善誘，迷人若得心開，與悟無別。」辭違已了，便發向南。

【白話譯文】

五祖忽然來到迴廊，見到惠能的偈，知道惠能已經悟到了佛法的根本。但怕眾人知道，就裝作不在乎的樣子說：「這首偈也沒有得到最終的覺悟。」

到了三更半夜，五祖把惠能叫到屋裡，向他講授《金剛經》。惠能聽後，立即就明白了。當天夜裡便接受五祖的教授。大家都不知道，五祖傳給惠能頓教的法門和代表宗門的法衣，成為第六代的祖師。衣服作為一種信物，一代一代相傳，用以心傳心的方法，使得每個人自己覺悟，延續禪宗的法門。五祖說：「惠能，自古以來，傳法的人生命都像懸著的絲，隨時有危險。如果你住在這裡，恐怕有人會害你，還是快快離開！」

惠能得到法衣，連夜出發。五祖一直送他到九江驛站，等惠能登船後才相互道別，又交代：「好好努力，把頓教的宗旨傳向南方，三年內不要在這裡宣揚。等到災難過去後，再出來弘法。如果你善於誘導，能使迷失的人心開悟解，那麼他們也就達到悟境了。」惠能聽了師父的教誨，便一路向南而去。

兩月中間，至大庾嶺。不知向後有數百人來，欲擬捉惠能，奪衣法。來至半路，盡總卻回。唯有一僧，姓陳名惠順，先是三品將軍，性行粗惡，直至嶺上，來趁把著。惠能即還法衣。又不肯取，言：「我故遠來求法，不要其衣。」能於嶺上便傳法惠順。惠順得聞，言下心開。能使惠順即卻向北化人。

【白話譯文】

走了兩個月，到了大庾嶺。他不知道後面有幾百人正追來，想抓住他，奪得衣缽。追到一半路，許多人就不追了，掉頭回去。其中只有一個和尚叫陳惠順，原先是三品將軍，性格和行為都十分粗魯凶惡，一直追到了山嶺上，截住了惠能。惠能便把衣缽給他，他卻不肯拿，說：「我大老遠地追來，是為了尋求真理，不是為了衣缽。」惠能就在山嶺上向惠順講授頓教的道理。惠順聽了，一下子就開啟了心靈。惠能讓他往北方去度化眾生。

惠能來於此地，與諸官僚道俗，亦有累劫之因。教是先聖所傳，不是惠能自知。願聞先聖教者，各須淨心聞了，願自除迷，如先代悟。（下是法）

【白話譯文】

惠能來到此地，與各位官員百姓、出家的、在家的同道，也算是累積劫難後的因緣。道理是先聖傳下來的，不是我惠能自己知道的。願意聆聽先聖教誨的，請先清淨自己的心，希望先聖的教誨能夠引導我們去掉迷誤，那麼，也就能夠達到先聖具有的覺悟了。

惠能大師喚言：善知識，菩提般若之智，世人本自有之，即緣心迷，不能自悟，須求大善知識示導見性。善知識，愚人智人，佛性本亦無差別，只緣迷悟；迷即為愚，悟即成智。

【白話譯文】

惠能大師用召喚的口氣對大家說：各位，我們每個人本來都具備最終解脫的智慧，只不過因為心靈迷失了，自己無法覺悟，才需要已經覺悟的人引導提示。各位，愚笨的人和智慧的人，佛性上本來並沒有什麼差別，之所以有人愚笨，有人智慧，只因為迷失和覺悟。迷失了就是愚笨，覺悟了就是智慧。

善知識，我此法門，以定慧為本。第一勿迷言定慧別。定慧體不一不二，即定是慧體，即慧是定用；即慧之時定在慧，即定之時慧在定。善知識，此義即是定慧等。學道之人作意，莫言先定發慧，先慧發定，定慧各別。作此見者，法有二相：口說善，心不善，定慧不等。心口俱善，內外一種，定慧即等。自悟修行，不在口諍。若諍先後，即是迷人，不斷勝負，卻生法我，不離四相。

【白話譯文】

各位，我所講的成佛的方法，以定與慧作為根本。首先，不要錯誤地認為定與慧有什麼區別，定、慧在本質上是一樣的，也就是說，定是慧的本體，慧是定的運用；慧發生的時候，定就在於慧，定發生的時候，慧就在於定。各位，這個意思就是定慧是等一的。學習佛法的人，不要說什麼先有定才能引發慧，或者先有慧才能引發定，以為定慧各自有別。心存此種見解，法就變成二元的了：口裡說著善，心卻沒有達到善的境地，定與慧不能統一。心與口都達到善的境地，內和外和諧統一，定與慧就是等一的了。自己領悟修行，不要作口頭上的爭論。假如去爭什麼先後，就是迷誤的人，沒有斷絕勝負之心，佛法與自我分離，仍然沉淪在四相之中。

一行三昧者，於一切時中，行住坐臥，常行直心是。《淨名經》云：直心是道場，直心是淨土。莫行心諂曲，口說法直。口說一行三昧，不行直心，非佛弟子。但行直心，於一切法上無有執著，名一行三昧。迷人著法相，執一行三昧，直言坐不動，除妄不起心，即是一行三昧。若如是，此法同無情，卻是障道因緣。道須通流，何以卻滯？心不住法，道即通流。住即被縛。若坐不動，是維摩詰不合呵舍利佛宴坐林中。善知識，又見有人教人坐看心淨，不動不起，從此置功。迷人不悟，便執成顛倒。即有數百般如此教導者，故知大錯。

【白話譯文】

所謂一行三昧，就是在日常生活的任何姿態裡，總是保持一顆真如的心。《淨名經》上說：真如的心是道場，真如的心是淨土。千萬不要心裡想的是邪門歪道，嘴上說的全是佛的道理。嘴上說要專於一行，修習正定，而在行動上不按佛法去做，這就不是佛的弟子。只要按著我們的本性去行動，對於一切的法都不執著，就是一行三昧了。迷誤的人黏滯於法的皮相，狹隘地理解一行三昧，以為坐著不動，除卻妄念，就是一行三昧。假如這樣的話，所謂的佛法就變得沒有一點人情味，反而成為解脫的障礙。

道，是需要通暢流動的，怎麼能夠僵化停滯呢？心靈不執著於法，道就變得流通。執著的話，就被束縛住。假如坐著不動也得道，那麼，維摩詰就不應該質疑舍利佛靜坐樹林下。各位，有人教導別人透過靜坐來達到心靈的淨化，以為不動不起就能成功。迷誤的人沒有覺悟，就把事情弄顛倒了。就算有很多人這樣教導眾生，其實也是錯誤的。

善知識，定慧猶如何等？如燈光。有燈即有光，無燈即無光。燈是光之體，光是燈之用。名即有二，體無兩般。此定慧法，亦復如是。

【白話譯文】

各位，定與慧的關係是怎樣的呢？如同燈和光。有燈就有光，沒有燈就沒有光。燈是光的本體，光是燈的運用。名稱有兩個，但根本上並沒有什麼不同。定慧的道理，也是一樣的。

善知識，法無頓漸，人有利鈍。迷即漸勸，悟人頓修。識自本心，是見本性，悟即元無差別，不悟即長劫輪迴。

【白話譯文】

各位，佛法本身並沒有什麼快和慢之分，人卻有敏銳遲鈍之分。遲鈍的人需要漸漸地修煉，敏銳的人立即就領會了。來自本性的領悟，就顯現了本性，覺悟了就沒有什麼差別，如果沒有覺悟，那麼還要長久地處於生死輪回之中。

善知識，我此法門從上已來，頓漸皆立無念為宗，無相為體，無住為本。何名為相無相？於相而離相。無念者，於念而不念。無住者，為人本性，念念不住，前念、今念、後念，念念相續，無有斷絕，若一念斷絕，法身即離色身；念念時中，於一切法上無住；一念若住，念念即住，名繫縛；於一切法上念念不住，即無縛也。此是以無住為本。

善知識，外離一切相，是無相。但能離相，性體清淨，是以無相為體。於一切境上不染，名為無念。於自念上離境，不於法上生念。若百物不思，念盡除卻，一念斷即死，別處受生。

學道者用心，莫不識法意。自錯尚可，更勸他人迷。不自見迷，又謗經法。是以立無念為宗，即緣迷人於境上有念，念上便起邪見，一切塵勞妄念從此而生。然此教門立無念為宗，世人離境，不起於念。若無有念，無念亦不立。無者無何事，念者念何物？無者離二相諸塵勞；念者念真如本性。真如是念之體，念是真如之用。自性起念，雖即見聞覺知，不染萬境，而常自在。《維摩經》云：外能善分別諸法相，內於第一義而不動。

【白話譯文】

各位，我這裡所講的覺悟方法，無論頓、漸從來都是以無念為宗旨，以無相為本體，以無住為基本。什麼叫無相呢？處於形相之中又能超越形相。所謂無念，處於心念之中又無所掛念。所謂無住，自在地做人，時時刻刻不為對象所束縛，前一個剎那，當下的剎那，後一個剎那，每個剎那綿綿不絕，如果某個剎那斷絕了，色身固然消失，但法身也隨著離開了；時時刻刻，你的心念始終在活動，始終依循著佛法而不執著於任何事物；任何一刻如果為事物所縛，那麼，每個時刻都拘泥於外緣，此種情況叫繫縛；依循真如本性，時刻不受任何物件的束縛，就無所拘束，也就是解脫了。這就是所謂的以無住為本。

各位，對外超越一切形相，就叫無相。只要能夠超越形相，本性清淨，就是以無相為本體。處於任何境地都不執著，就叫無念。從自己心念上擺脫外在的現象，悟到本性時不再產生邪念。假如什麼東西都不思量，什麼念頭也沒有，一時確實斷絕了煩惱，但沒有解決根本的問題，所以，在別處仍會再次出現。

學習佛法的人用自己的心去學，沒有不瞭解佛法真正含義的。自己錯了只是自己迷失而已，如果向別人傳播，就使得大家都迷失。不察覺自己的迷誤，還要譭謗經上說的道理。所以確立以無念為宗旨，是因為迷失的人陷於現象之中產生各種幻覺，由幻覺生出錯誤的看法，一切的煩惱和虛妄因此而生。我們的宗門立無念為宗旨，世人脫離外在的現象，不在心念上有所妄動。如果沒有有念，無念也就不成立。無者，無什麼事呢？念者，念什麼物呢？無者，就是擺脫二元對立的各種煩擾；念者，念念不斷的是本來如此的最高真理。真如是念的本體，念乃真如的運用。心念緣起於自己的真如本性，那麼，雖然處於日常生活的各種行為之中，仍然不會黏著於所有形形色色，而總能脫離煩惱的束縛，圓融無礙。《維摩經》說：對外，善於觀察認識宇宙萬物的事相，對內，信仰最高的絕對真理，毫不動搖。

善知識，此法門中坐禪原不著心，亦不著淨，亦不言不動。若言看心，心元是妄，妄如幻故，無所看也。若言看淨，人性本淨，為妄念故，蓋覆真如，離妄念，本性淨。不見自性本淨，起心看淨，卻生淨妄。妄無處所，故知看者卻是妄也。淨無形相，卻立淨相。言是工夫，作此見者，障自本性，卻被淨縛。若修不動者，不見一切人過患，是性不動；迷人自身不動，開口即說人是非，與道違背。看心看淨，卻是障道因緣。

【白話譯文】

各位，按照剛才所講的覺悟方法，所謂坐禪，不必拘泥於精神上的追求，也不必刻意於清淨的境地，也不會要求修道者一動不動地坐在那裡。如果說看到心，我們的心理狀態原本虛妄，虛妄就像幻覺，所以，並沒有什麼可看的。如果說要看到淨，人的本性本來就清淨，因為妄念遮蔽了真如，只要去掉妄念，本性就清淨了。不去領悟自己的本性本來清淨，而刻意去尋求清淨，無端地生出關於清淨的妄念。妄念只是幻影，不能坐實，所以，連看的人都變得虛妄了。淨沒有什麼形相，卻非要確立一種淨的形相。做這樣工夫和持這樣見解的人，阻礙了本性的顯現，被淨所束縛。如果修煉禪定的人，看不到一切人的過失不足，那麼，說明他做到了如如不動；而迷失的人，自己的身體好像在禪定的樣子，但一開口，就說別人的是是非非，和佛法相違背。看心也罷，看淨也罷，聽起來很崇高，實際上把自己引向歧路，離覺悟的目的地愈來愈遠。

今既如是，此法門中何名坐禪？此法門中一切無礙，外於一切境界上，念不起為坐，見本性不亂為禪。何名為禪定？外離相為禪，內不亂曰定。外若著相，內心即亂；外若離相，內性不亂。本性自淨自定，只緣境觸，觸即亂，離相不亂即定。外離相即禪，內不亂即定。外禪內定，故名禪定。《維摩經》云：即時豁然，還得本心。《菩薩戒經》云：戒本元自性清淨。善知識，見自性自淨，自修自作自性法身，自行佛行，自作自成佛道。

【白話譯文】

既然如此，那麼，按這種成佛的方法，怎樣才是真正的坐禪呢？這種成佛的方法講究一切圓融無礙，外在的形形色色，不引起心中的妄念，就叫「坐」，顯現自己的本性，不迷亂，就叫「禪」。什麼叫禪定呢？能夠超越形相就叫禪，內心不迷亂就叫定。對於外在形色如果不能超越，內心就會迷亂；如果能夠不受外在形相左右，內心也就能安定。本性本來清淨安定，只因為我們對各種情景有所感觸，有感觸就迷亂了，超越這些情景，做到內心不迷亂就是定了。擺脫外部形相的繫縛就是禪，擺脫內部心靈的紊亂就是定。對外是禪，對內是定，所以叫做禪定。《維摩經》說：剎那之間一片開朗，回到了本原的心性。《菩薩戒經》說：戒的本意是要讓我們回到本來就清淨的狀態。各位。自己去發現自己的本性，自己清淨，自己修煉，自己去完成自性法身，按照佛法去行動，自己達臻佛的境界。

善知識，總須自體，與授無相戒。一時逐惠能口道，令善知識見自三身佛，於自色身歸依清淨法身佛，於自色身歸依千百億化身佛，於自色身歸依當來圓滿報身佛。色身是舍宅，不可言歸。向者三身，自在法性，世人盡有，為迷不見。外覓三身如來，不見自色身中三身佛。

善知識，聽與善知識說，令善知識於自色身見自法性有三身佛。此三身佛，從自性上生。何名清淨法身佛？善知識，世人性本自淨，萬法在自性。思維一切惡事，即行於一切惡行；思量一切善事，便修於善行。知如是一切法盡在自性。自性常清淨，日月常明，只為雲覆蓋，上明下暗，不能了見日月星辰，忽遇惠風吹散卷盡雲霧，萬象森羅，一時皆現。世人性淨，猶如清天，慧如日，智如月，智慧常明。於外著境，妄念浮雲蓋覆，自性不能明。故遇善知識，開真正法，吹卻迷妄，內外明徹，於自性中萬法皆現。一切法在自性，名為清淨法身。

自歸依者，除不善心及不善行，是名歸依。何名為千百億化身佛？不思量性即空寂，思量即自化。思量惡法化為地獄，思量善法化為天堂，毒害化為畜生，慈悲化為菩薩，智慧化為上界，愚癡化為下方。

自性變化甚多，迷人自不知見。一念善，智慧即生。一燈能除千年暗，一智能滅萬年愚。莫思向前，常思於後，常後念善，名為報身。一念惡，報卻千年善亡；一念善，報卻千年惡滅。無常已來後念善，名為報身；從法身思量，即是化身；念念善，即是報身。自悟自修，即名歸依也。皮肉是色身，色身是舍宅，不言歸依也。但悟三身，即識大意。

【白話譯文】

各位，抓住了自性，再來講授無相的戒律，就很容易明白了。透過我的嘴把佛的道理講出來，使得各位自己發現三種佛的身體。從我們自己的色身上昇華到清淨法身佛，從我們自己的色身上昇華到千百億化身佛，從我們自己的色身昇華到當來圓滿報身佛。色身只不過房屋，不是我們最終的歸宿。這三種佛身就在法性之中，每個人都具備，只不過迷誤了而沒有發現。於是，苦苦地向外去尋求三身如來，卻不知三身佛就在自己的色身中。

各位，我想把這個道理告訴大家，使得大家從自己的色身上去發現本身的法性裡就有三身佛。這三身佛是從自己的本性上發生的。什麼叫清淨法身佛呢？各位，每個人的本性本來就清淨，一切覺悟的方法其實就在自己的本性裡。一天到晚想著邪惡的事情，當然就會去做壞事；一天到晚想著良善的事情，當然就會去做好事。因此我們說，一切覺悟的方法都在你自己的本性裡。自己的本性恆常地清淨，就像太陽和月亮，任何時候都是光明的。只是當烏雲覆蓋的時候，我們從下面看上去，以為太陽和月亮變暗了，其實，在雲的上面，仍是光明一片。忽然吹過一陣微風，一切又變得清晰可見。每個人的本性清淨，就像清澈的天空，慧像太陽，智像月亮，永久光明。當我們被外在的形相所束縛，妄念就像浮雲那樣遮住了自性，我們的生活就變得晦暗。如果遇到覺悟了的智者，開啟真正的方法，吹掉迷妄，內外都明亮清澈，自性就會顯現出一切覺悟的法門。一切的覺悟方法都在自性之中，這就叫清淨法身。

什麼叫歸依呢？就是去除不善的心念和不善的行為。什麼叫千百億化身佛呢？不想的時候，本性空空寂寂，想的時候，就是自己度化自己。想著邪惡的東西就變成了地獄，想著善良的東西就變成了天堂，有害的行為使我們成為畜生，慈悲的行為使我們成為菩薩，智慧引導我們進入解脫的界域，愚癡把我們帶向欲望的界域。

自己的本性有很多變化，迷妄的人自己無法知道和發現。一個良善的念頭，即會生發智慧。一盞燈可以去掉千年黑暗，一點智慧可以消滅萬年的癡。過去事情已經過去了，不必再想來想去，倒是應該想想以後怎麼辨。一心想著以後，因而從即刻起不斷行善，就叫報身。一個惡念，可以把你積聚了千年的善行化為烏有；一個善念，可以把你積聚了千年的惡行消除乾淨。至死都念念不忘善就叫報身；所有想的都圍繞著自性就是化身；每個念頭都是善的就是報身。自己明白了道理自己修行就是歸依。身體是色身，色身是房屋，不能說是歸依。只要知道了三身，也就知道佛法的大概了。

今既自歸依三身佛已，與善知識發四弘大願。善知識一時逐惠能道：眾生無邊誓願度，煩惱無邊誓願斷，法門無邊誓願學，無上佛道誓願成。

善知識，眾生無邊誓願度，不是惠能度。善知識，心中眾生，各於自身自性自度。何名自性自度？

自色身中邪見煩惱、愚癡迷妄，自有本覺性。只本覺性，將正見度。既悟正見般若之智，除卻愚癡迷妄，眾生各各自度。邪來正度，迷來悟度，愚來智度，惡來善度，煩惱來菩提度。如是度者，是名真度。「煩惱無邊誓願斷」，自心除虛妄。法門無邊誓願學，學無上正法。無上佛道誓願成，常下心行，恭敬一切，遠離迷執，覺智生般若，除卻迷妄，即自悟佛道成，行誓願力。

【白話譯文】

既然已經歸依了三身佛，我們就一起發四大宏願。大家於是跟著惠能發願：

無數的眾生，我願意去度化，無盡的煩惱，我願意去斷除，無邊的佛法，我願意去學習，無上的境界，我願意去完成。

各位，無數的眾生需要度化，並不是我惠能去度化。各位，眾生都要從自己的身體上自己發現本性，自己覺悟。什麼叫自性自度呢？我們的色身附著了種種錯誤的看法、煩惱的情緒，還有愚昧的癡迷、妄想，但同時，我們色身中自己具備了覺悟的本性，只要確立了正確的見解，就可以度化自己。悟到了正確的見解，就具有從愚癡迷妄中解脫出來的智慧，眾生就可以自己度化自己。用正去度化邪，用悟去度化迷，用智去度化愚，用善去度化惡，用菩提去度化煩惱，這樣的度法是真正的度。「煩惱無邊誓願斷」，意思是自己從心性上去除虛妄。「法門無邊誓願學」，意思是學習無上的正確方法。「無上佛道誓願成」，意思是經常用心去實行，以恭敬的態度對待一切，遠遠地離開迷誤、執著，我們的覺悟體認會生發出觀照空理的智慧，驅除迷妄，這就是自己覺悟成就佛道，也可以說是願力成就完滿的行為。

今既發四弘誓願，說與善知識無相懺悔，滅三世罪障。

大師言：善知識，前念後念及今念，念念不被愚迷染，從前惡行，一時自性若除，即是懺悔。前念後念及今念，念念不被愚癡染，除卻從前矯誑，雜心永斷，名為自性懺。前念後念及今念，念念不被疽疫染，除卻從前嫉妒心，自性若除，即是懺。

善知識，何名懺悔？懺者，終身不作；悔者，知於前非惡業，恆不離心。諸佛前口說無益，我此法門中永斷不作，名為懺悔。

【白話譯文】

發過四大宏願，惠能又為大家傳授無相懺悔的法門，這個法門讓我們體會罪過本空、無相無生的道理，從而消除過去、現在、未來三世的罪障。

大師說：各位，任何時刻的每個心念，都不要被愚癡迷妄所汙染，過去的邪惡行為，只要即刻從自性上予以根除，就是懺悔了。任何時刻的每個心念，都不要被愚癡迷妄所汙染，祛除從前的矯飾欺誑，永遠斷除雜亂的心念，就叫做自性懺。任何時刻的每個心念，都不要被疾病所汙染，祛除從前的嫉妒心，從自性上真正根除，就叫懺。

各位，什麼叫懺悔？所謂懺，就是一輩子不再重複做錯誤的事；所謂悔，就是知道過去的種種惡業，永遠不做違心的事。在佛的面前嘴上說說沒有什麼用，我所講的方法，強調永遠斷絕惡念不再做錯事，才叫懺悔。

今既懺悔已，與善知識授無相三歸依戒。大師言：善知識，歸依覺，兩足尊。歸依正，離欲尊。歸依淨，眾中尊。從今已後，稱佛為師，更不歸依邪迷外道。願自三寶慈悲證明。善知識，惠能勸善知識歸依自性三寶。佛者，覺也；法者，正也；僧者，淨也。自心歸依覺，邪迷不生，少欲知足，離財離色，名兩足尊。自心歸依正，念念無邪故，即無愛著，以無愛著，名離欲尊。自心歸依淨，一切塵勞妄念雖在自性，自性不染著，名眾中尊。凡夫不解，從日至日，受三歸依戒。若言歸佛，佛在何處？若不見佛，即無所歸。既無所歸，言卻是妄。善知識，各自觀察，莫錯用意。經中只言自歸依佛，不言歸依他佛，自性不歸，無所依處。

【白話譯文】

懺悔完畢，便向大家傳授無相三歸依戒。大師說：各位，歸依佛陀，達到兩足尊，歸依佛法，達到離欲尊，歸依僧伽，達到眾中尊。從現在開始，把佛陀稱為老師，不再相信別的邪門歪道。用我們自性中本來具有的「三寶」慈悲證明。各位，我勸大家歸依自性中的三寶。佛，即覺悟，法，即無上的真理，僧，即清淨。自己的心性歸依覺悟，就不會產生邪迷，欲望減少，甘於平淡，超越財色，這叫兩足尊。自己的心性歸依無上的真理，什麼時候心念都自然無邪，沒有什麼執著，因為無所執著，所以叫離欲尊。自己的心性歸依清淨，雖然仍然處於日常生活之中，但自性依然明澈，這叫眾中尊。愚昧的人不瞭解「三寶」就在自性中的道理，徒勞地日復一日向外去尋求「三歸依」。如果說歸依佛，佛在哪裡呢？如果見不到佛，就無所歸依了。既然無所歸依，說歸依佛即為虛妄。各位，請各自觀察，不要把意思領會錯了。經書上只說自己歸依佛，沒有說有一個自性以外的佛可以歸依，如果無法回到自性，實際上就無所歸依。

今既自歸依三寶，總各各至心與善知識說摩訶般若波羅蜜法。善知識雖念不解，惠能與說，各各聽。

摩訶般若波羅蜜者，西國梵語，唐言大智慧到彼岸。此法須行，不在口念；口念不行，如幻如化。修行者法身與佛等也。何名摩訶？摩訶者是大，心量廣大，猶如虛空。若空心禪，即落無記空。世界虛空，能含日月星辰、山河大地、一切草木、惡人善人、惡法善法、天堂地獄，盡在空中。世人性空，亦復如是。性含萬法是大；萬法盡是自性。見一切人及非人、惡之於善、惡法善法，盡皆不舍，不可染著，猶如虛空，名之為大。此是摩訶。迷人口念，智者心行。又有迷人空心不思，名之為大。此亦不是。心量大，不行是小。若口空說，不修此行，非我弟子。

【白話譯文】

已經從自性上歸依三寶，因而可以再深入到心靈層面，講授如何到彼岸的大智慧。我願意仔細地為大家解說。

摩訶般若波羅蜜是西方的梵語，中文的意思是到彼岸的大智慧。這個修行方法必須親身實行，而不只是口上說說。只說不做，沒有任何益處。按照這個方法真正修行的人，他的法身其實和佛是一樣的。什麼叫摩訶？是大的意思，心像虛空一樣廣大。就像進入了空的禪定，純然的超越了善惡的境界。世界因為虛空，所以能包含日月星辰、山河大地、一切草木、惡人善人、惡法善法、天堂地獄，存有的一切都在其中。我們的自性是空的，也可以如此地廣大。自性含藏了一切的存在，就是大；存在中的一切都顯現真理。見到所有的人及非人、惡與善、惡法善法，都不捨棄，但同時又不執著，猶如虛空容納萬物一樣，這就叫大，也叫摩訶。迷誤的人只是口上說，而智者用心去行動。還有些迷誤的人以為不思不想就是空，就是大了，其實不對。心量廣大，但如果沒有融入日常的行為裡，那麼還是小。如果只是嘴上工夫，不實實在在地修行這個法門，就不是我的弟子。

何名般若？般若是智慧。一切時中，念念不愚，常行智慧，即名般若行。一念愚即般若絕；一念智即般若生。

世人心中常愚，自言我修般若。般若無形相，智慧性即是。何名波羅蜜？此是西國梵音，唐言到彼岸，解義離生滅。著境生滅起，如水有波浪，即是為此岸；離境無生滅，如水承長流，故即名到彼岸，故名波羅蜜。

迷人口念，智者心行。當念時有妄，有妄即非真有。念念若行，是名真有。悟此法者，悟般若法，修般若行。不修即凡。一念修行，法身等佛。善知識，即煩惱是菩提。前念迷即凡，後念悟即佛。善知識，摩訶般若波羅蜜，最尊最上第一，無住無去無來，三世諸佛從中出，將大智慧到彼岸。打破五陰煩惱塵勞，最尊最上第一。讚最上乘法，修行定成佛。無去無住無來往，是定慧等，不染一切法，三世諸佛從中出，變三毒為戒定慧。善知識，我此法門從一般若生八萬四千智慧。何以故？為世人有八萬四千塵勞。若無塵勞，般若常在，不離自性。悟此法者，即是無念，無憶無著，莫起雜妄，即自是真如性。用智慧觀照，於一切法不取不捨，即見性成佛道。

【白話譯文】

什麼叫般若？般若即智慧。任何時刻，每個心念都擺脫了愚癡，充滿洞見，就叫般若行。一個念頭陷於愚癡，般若就消失；一個念頭透著智慧，般若就產生。

人們心中常常愚昧，說什麼我要修煉般若。般若並無形相，智慧生發了就是般若。什麼叫波羅蜜？這是西方的梵語，譯成中文就是到彼岸，意思是超越生死的輪回。黏著於現象，就會有發生、失去的循環，如同水有波浪，即為此岸；超越了現象，就無所謂發生、失去的循環，如同水永久地流動，所以叫做彼岸，即波羅蜜。

迷誤的人只是口頭上明白，而智慧的人用心去做。當心念有迷妄時，就不是真正的存有。每個心念都不迷妄，才是真正的存有。覺悟到了這個法門，就會領悟到般若的真理，並踐行般若的行為。沒有般若的修為，就是凡俗。剎那間修行，悟到的自性和佛陀一樣。各位，證得佛位的智慧，其實就從煩惱中而來，所以說，煩惱即菩提。前一刻迷妄的就是凡俗，後一刻覺悟了就是佛。各位，到彼岸的大智慧，最重要的是沒有現在、沒有過去、也沒有未來，從過去、現在、未來中覺悟而昇華到超越境界，抵達彼岸。打破生理與心理引發的種種煩惱塵勞，這是最重要的。讓我們讚美最上乘的真理，並按照真理修行，就一定能夠達到佛的境界。超越過去未來、不執著於現在，就是定慧等一；一切現象都不能影響搖動自己，過去、現在、未來三世的佛就會顯現，貪嗔癡三毒就成了戒定慧。各位，我的法門從一般若可以生出萬千智慧。為什麼？因為世人有萬千的塵勞。如果沒有塵勞，般若常在，我們就不會離開自己的本性。明白了這個道理，就是無念，不起任何妄念，始終處於真如本性。用智慧去觀照一切，既不執著也不捨棄，就是見性成佛了。

善知識，若欲入甚深法界，入般若三昧者，直須修般若波羅蜜行，但持《金剛般若波羅蜜經》一卷，即得見性入般若三昧。當知此人功德無量。經中分明讚歎，不能具說。此是最上乘法，為大智上根人說。

小根智人若聞法，心不生信。

何以故？譬如大龍，若下大雨，雨於閻浮提，城邑聚落，悉皆漂流，如漂草葉；若下大雨，雨於大海，不增不減。若大乘者，聞說《金剛經》，心開悟解。

故知本性自有般若之智，自用智慧觀照，不假文字。譬如其雨水，不從天有，原是龍王於江海中將身引此水，令一切眾生，一切草木，一切有情無情，悉皆蒙潤。諸水眾流，卻入大海，海納眾水，合為一體。眾生本性般若之智，亦復如是。小根之人，聞說此頓教，猶如大地草木根性自小者，若被大雨一沃，悉皆自倒，不能增長；小根之人亦復如是。有般若之智與大智之人，亦無差別，因何聞法即不悟？緣邪見障重，煩惱根深，猶如大雲覆蓋於日，不得風吹，日無能現。

般若之智亦無大小。為一切眾生自有迷心，外修覓佛，未悟自性，即是小根人。聞其頓教，不假外修，但於自心，令自本性常起正見，一切邪見煩惱塵勞眾生，當時盡悟，猶如大海納於眾流，小水大水合為一體，即是見性。內外不住，來去自由，能除執心，通達無礙。心修此行，即是見性。內外不住，來去自由，能除執心，通達無礙。心修此行，即與《般若波羅蜜經》本無差別。

【白話譯文】

各位，如果我們想進入最終極的真理和智慧，就要修行到彼岸的大智慧，只要秉持《金剛般若波羅蜜經》一卷，就能夠覺悟獲得深邃的智慧。誦讀《金剛經》並覺悟的人一定功德無量。這在經中已經說得很明白，無需再說。這是最上乘的真理，為根性穎慧的人所說。根性劣鈍的人即使聽到了這個真理，也不會相信。

為什麼呢？就像巨大的龍，下大雨的時候，把雨下在人們居住的世界，城市、村落都漂浮在水面，好像草葉一樣。如果下到大海裡，那麼水既沒有增加，也沒有減少。具有利他心的大智慧者聽到《金剛經》，心靈敞開，覺悟明白。

所以說本性中本身具有覺知萬物皆空的智慧，自己去觀察、發現、領悟，無需文字。就像雨水，不是從天上來的，而是龍王在江海裡以自己的身體把水引來，使得一切眾生、一切草木、一切有情與無情都得到滋潤。所有的水都流入大海，變成一個整體。眾生本性中的大智慧，也是這樣的。根器愚笨的人，就好像地上的草木，被大雨澆淋，全都自己倒下，不再增長；根器愚笨的人，聽到這種以頓悟為核心的真理也是如此。根器愚笨的人和那些根器穎慧的人一樣，本身都具有觀照空理的智慧，為什麼聽聞真理而沒有立即覺悟？因為有重重不正確的見解，還有深深的煩惱，如同烏雲覆蓋了太陽，風不吹散烏雲，太陽就不能顯現。

觀照空理的智慧並無大小之分。一切的眾生如果心是迷失的，向外去尋求成佛，覺悟不到自己的本性，就是小根之人。聽聞頓悟的道理，不依賴外在修煉，而是從自己的心性上升起正確的見解，那麼，即使是充滿著煩惱塵勞的眾生，也能當下覺悟，就像大海容納來自四面八方的水流，無論細小的溪流還是雄渾的江水，都合為一個整體，這就叫見性。對內對外都不執著，來去自由，通達無礙。能夠用心修行這個方法，就與《般若波羅蜜經》沒有什麼差別了。

一切經書及文字，大小二乘十二部經，皆因人置，因智慧性故，固然能建立。若無世人，一切萬法本亦不有。故知萬法，本從人興，一切經書，因人說有。緣在人中，有愚有智。愚為小人，智為大人。迷人問於智者，智人與愚人說法，令彼愚者悟解心開。迷人若悟解心開，與大智人無別。

故知不悟，即佛是眾生；一念若悟，即眾生是佛。故知一切萬法盡在自身心中。何不從於自心，頓見真如本性。《菩薩戒經》云：戒本源自性清淨。識心見性，自成佛道。《淨名經》云：即時豁然，還得本心。

【白話譯文】

一切經書和文字，大乘、小乘十二種類型的經書，都是根據不同人而設置的，憑著智慧本性才能領悟。如果沒有人的存在，一切的現象和真理都變得沒有意義了。所以說，凡事都因應著人而興起，所有經書，根據不同人有不同教法。因為人有愚笨的，也有聰明的。愚笨的就是小人，智慧的就是大人。迷失的人要向覺悟的人請教，智慧的人要向愚笨的人宣講佛法，使得愚笨的人能夠覺悟而開啟心靈。迷失的人一旦開啟了心靈，和大智慧的人就沒有什麼差別了。

所以說，不覺悟的話，佛是眾生；剎那間覺悟了，眾生就成了佛。因此，一切真理都在自己的心性裡。為什麼不從自己的心性上，即刻顯現最終極的本性呢？《菩薩戒經》說：戒的目的是回到我們本來清淨的本性。自己回到心靈的深處，回到本來的樣子，成就佛的境界。《淨名經》說：剎那間突然明白，回到了本性。

善知識，我於忍和尚處一聞，言下大悟，頓見真如本性。是故將此教法流行後代，令學道者頓悟菩提，各自觀心，令自本性頓悟。若不能自悟者，須覓大善知識示道見性。

何名大善知識？解最上乘法，直示正路，是大善知識，是大因緣。所謂化道，令得見性。一切善法，皆因大善知識能發起故。三世諸佛，十二部經，在人性中本自具有，不能自悟，須得善知識示道見性。若自悟者，不假外求善知識。若取外求善知識，望得解脫，無有是處。識自心內善知識，即得解脫。若自心邪迷，妄念顛倒，外善知識即有教授，救不可得。汝

【白話譯文】

各位，我從弘忍和尚那裡聽聞到佛法，一下子就開悟了，剎那間領悟到最終極的本性，因此把這個真理傳播開來，流傳後世，使學佛的人馬上領悟到萬法本空的智慧，各自觀照自己的心性，從自己的本性上覺悟。如果無法自己覺悟，就要找覺悟的智者來啟發和引導自己。

若不得自悟，當起般若觀照，剎那間，妄念俱滅，即是真正善知識，一悟即至佛地。自性心地，以智慧觀照，內外明徹，識自本心。若識本心，即是解脫。既得解脫，即是般若三昧。悟般若三昧，即是無念。

【白話譯文】

什麼叫大善知識？理解最上乘的真理，直接顯示正確的道路，就是大善知識，也是大機緣。所謂化道，就是引導別人看到本性的意思。一切趨於真理的方法，都是因為大善知識能夠自己生發的緣故。所有佛法都是我們心性中本來具有的。只有在不能自己覺悟的情況下，才必須靠善知識（有佛緣的人）啟發引導。如能自己覺悟，就無需借助善知識的啟迪。但是，從根本上講，善知識並不能替我們獲得解脫。只有自己真正從內心深處把握到佛性，解脫才是可能的。如果自己內心邪惡迷妄，那麼即使有善知識的教導，仍然不可救藥。當自己無法覺悟的時候，應當運用般若智慧，觀照形色的存在，悟到空性真理，剎那間虛妄的念頭全部消失，就成為真正的善知識，一覺悟就達到佛的境界。回返自己的本性，以智慧去觀照一切的存有，無論內心還是外在，都變得明淨清澈，沐浴在本性的光輝裡。如果領悟到了本性，就是解脫。既然得到解脫，就是明白空性的真理而進入澄明的境地。明白了空性真理而進入澄明的境地，就是無念。

何名無念？無念法者，見一切法，不著一切法；遍一切處，不著一切處。常淨自性，使六賊從六門走出，於六塵中不離不染，來去自由，即是般若三昧，自在解脫，名無念行。若百物不思，當令念絕，即是法縛，即名邊見。悟無念法者，萬法盡通。悟無念法者，見諸佛境界。悟無念頓法者，至佛位地。

【白話譯文】

什麼叫無念？見到一切，但不執著於一切；處於任何處所，但不起執著，自己的內心總是清淨，使得緣於眼、鼻、耳、舌、身、意六根的攀緣外境的種種妄想，從眼、鼻、耳、舌、身、意六門中出走，在色、聲、香、味、觸、法六種外境裡，既不離棄，也不執染，自由自在地來來去去，明白了空性的真理而進入澄明的境地，獲得大自在、大解脫，名為無念行。假如什麼都不想、什麼念頭也沒有，就是被刻意追求真理的心所束縛了，是不只看到一面的偏見。領悟無念的道理，所有道理也都通曉了。悟到無念的道理，就可以見到佛的各種境界。頓悟到無念的道理，就和佛在同一個層面了。

善知識，後代得吾法者，常見吾法身不離汝左右。善知識，將此頓教法門於同見同行，發願受持，如事佛教，終身受持而不退者，欲入聖位，然須傳受。從上已來，默然而付於法，發大誓願，不退菩提，即須分付。若不同見解，無有志願，在在處處，勿妄宣傳，損彼前人，究竟無益。若愚人不解，謗此法門，百劫千生，斷佛種性。

【白話譯文】

各位，我所教導的真理要一代一代地傳，我所領悟到的佛性不會隨著我身體的消亡而消亡，會在時間的流轉裡不斷地向你顯現。各位，把這個頓教的方法和理念廣為傳播，凡是願意學習並踐行的人，恭敬地侍奉佛法，一輩子不改變信念和行為，但想要進入最高的境地，需要一種傳承。從最初開始，這個法門就是憑藉默契一代一代傳授下來，一旦接受，就要發大誓願，守持深永的智慧。假如有不同看法，沒有這方面的志願，也不要在任何地方隨便議論，貶低前人，究竟沒有什麼益處。如果愚昧癡誑的人不理解，誹謗這個法門，那麼，就會永久地失去獲得解脫的機緣。

大師言：善知識，聽吾說〈無相頌〉，令汝迷者罪滅。亦名〈滅罪頌〉。頌曰：

愚人修福不修道，謂言修福便是道。
布施供養福無邊，心中三惡原來造。
若將修福欲滅罪，後世得福罪元在。
若解向心除罪緣，各自性中真懺悔。
若悟大乘真懺悔，除邪行正即無罪。
學道之人能自觀，即與悟人同一類。
大師今傳此頓教，願學之人同一體。
若欲當來覓本身，三毒惡緣心裡洗。
努力修道莫悠悠，忽然虛度一世休。
若遇大乘頓教法，虔誠合掌至心求。

【白話譯文】

大師說：各位，讓我給大家說說〈無相頌〉，可以為迷妄的人消除罪孽。也叫〈滅罪頌〉。頌是這樣的：

愚昧的人培植現世的福氣，卻忽略了最終極的真理，而誤以為培植現世的福氣即是最終極的真理了。

施捨錢財並且供奉佛像和佛門弟子，確實可以積累無邊的福氣，然而，心中的貪婪、憤怒、愚癡非但並沒有根除，反而不斷滋生。

想用培植福氣來除滅罪孽，即使來世得到了福氣，但罪孽還在。

假如懂得從自己內心剷除罪惡的因緣，就能夠在自己的本性中得到真正的懺悔。

假如懂得什麼是大乘之教的真正懺悔，那麼，遠離邪惡、行為正直就沒有什麼罪孽了。

學道的人能夠自省內心，見到自己的本性，就和覺悟的人達到了同樣的境地。

一代一代的大師指示我們把這個頓教傳布下去，凡是願意學習的人都是一體相同。

如果想當即把握到不被分別相所汙染的本體之身，只要清洗掉心中的貪婪、憤恨、愚癡就可以了。

各位要努力領悟真理，不要虛度年華，轉眼之間時光飛逝，卻一無所得。

如果遇到大乘頓悟之教，應當虔誠合掌，用心靈去尋求領悟。

大師說法了，韋使君、官僚、僧眾、道俗，贊言無盡，昔所未聞。使君禮拜，白言：「和尚說法，實不思議。弟子嘗有少疑，欲問和尚，望和尚大慈大悲，為弟子說。」

大師言：「有疑即問，何須再三。」

使君問：「法，可不是西國第一祖達摩祖師宗旨？」

大師言：「是。」

使君問：「弟子見說達摩大師化梁武帝，帝問達摩：朕一生已來造寺、布施、供養，有功德否？達摩答言：並無功德。武帝惆悵，遂遣達摩出境。未審此言，請和尚說。」

六祖言：「實無功德，使君勿疑。達摩大師言武帝著邪道，不識正法。」

使君問：「何以無功德？」

和尚言：「造寺、布施、供養，只是修福，不可將福以為功德。功德在法身，非在於福田。自法性有功德。自性虛妄，法身無功德。念念行平等直心，德即不輕。常行於敬，自修身即功，自修心即德。功德自心作，福與功德別。武帝不識正理，非祖大師有過。」

【白話譯文】

惠能大師講完後，大家都讚歎不已，覺得從來沒有聽到過這樣精闢的見解。

韋使君上前禮拜，請教說：「大師您說的道理實在透徹，但弟子還有一點疑問，想要求教您，希望您慈悲，為我解說。」

惠能回答：「有疑問就問，不必猶豫。」

使君問：「您所說的，是不是西國第一祖師達摩的宗旨？」

惠能回答：「是的。」

使君問：「弟子聽說，達摩大師度化梁武帝的時候，武帝問：朕一直修造寺廟、布施財物、供養佛、法、僧，請問有沒有功德？達摩回答：沒有什麼功德。武帝聽了微微不悅，就派人送達摩出境。我對於達摩的說法不太理解，請大師您為我解說。」

惠能說：「確實沒有什麼功德，你不要懷疑。達摩大師認為武帝的方法不正確，沒有真正理解佛法。」

使君問：「為什麼沒有功德呢？」

惠能說：「修造寺廟、布施財務、供養佛、法、僧，只是培植福氣，不能將培植福氣當作了功德。功德在於佛性，不在於福田。要從自己的佛性上產生功德。如果自己的思想還是虛妄的，就不可能有真正的功德。每時每刻超越分別相，自然地活著，就有很大的德。行為上總是恭敬，自己修煉身體，即為功，自己修煉心靈，即為德。功德來自於自己的心性，與福德並不相同。是梁武帝對於佛法沒有正確的理解，而非達摩祖師有什麼錯。」

使君禮拜。又問：「弟子見僧俗常念阿彌陀佛，願往生西方。請和尚說得生彼否？望為破疑。」

大師言：「使君，聽惠能與說。世尊在舍衛城說西方引化，經文分明，去此不遠。只為下根說遠，說近只緣上智。人有兩種，法無兩般。迷悟有殊，見有遲疾。迷人念佛生彼，悟者自淨其心。所以佛言：隨其心淨則佛土淨。使君，東方人但淨心即無罪；西方人心不淨亦有愆，迷人願生東方。兩種所在處，並皆一種心地，但無不淨。西方去此不遠，心起不淨之心，念佛往生難到。除十惡即行十萬，無八邪即過八千，但行直心，到如彈指。使君，但行十善，何須更願往生？不斷十惡之心，何佛即來迎請？若悟無生頓法，見西方只在剎那；不悟頓教大乘，念佛往生路遠，如何得達？」

【白話譯文】

使君禮拜。又問：「弟子見到僧俗常常念阿彌陀佛，希望來生到達西方。請問大師，這樣念佛就能往生西方嗎？希望能為我解惑。」

惠能說：「使君，請聽我為你解釋。當年釋迦牟尼在舍衛城用西方淨土來引導化度眾生，經書上記載得很清楚，西方離這裡並不遙遠。對於悟性低的的人來說，西方很遠，對於悟性高的來說，西方很近。人分兩種，但法只有一種。迷與悟不一樣，見解也有快與慢之分。迷妄的人透過念佛，祈求往生西方，而覺悟的人並無所求，自己清淨自己的心性。所以佛說：你的心是清淨的，佛土就是清淨的。使君，東方人如果心清淨了，就去除了罪孽；西方人如果心無法清淨，就仍背負著罪孽。兩種不同的空間，但是心地是一樣的，沒有什麼不清淨。西方離此地確實很近，但是，如果心裡起了不清淨的念頭，即使念佛，往生也很難到達。除掉十惡，等於走了十萬里路，除掉八邪，等於過了八千里。時刻守持著自己的本性，那麼，彈指間就可以到達西方。使君，只要你不斷地行善事，又何須祈求往生西方？如果不能斷除惡念惡行，又怎麼會有佛來請你去西方？如果你明白了無生無滅的頓教法門，剎那間就可以見到西方。不明白頓教大乘的道理，無論怎樣念佛，西方的路都很遙遠，如何到達呢？」

六祖言：「惠能與使君移西方剎那間，目前便見。使君願見否？」

使君禮拜：「若此得見，何須往生。願和尚慈悲，為現西方，大善。」

大師言：「一時見西方，無疑即散。」

大眾愕然，莫知何事。

大師曰：「大眾大眾作意聽，世人自色身是城，眼耳鼻舌身是城門，外有五門，內有意門。心即是地，性即是王。性在王在，性去王無。性在身心存，性去身心壞。佛是自性作，莫向身外求。自性迷，佛即是眾生；自性悟，眾生即是佛。慈悲即是觀音，喜舍名為勢至，能淨是釋迦，平直即是彌勒。

人我即是須彌，邪心即是海水，煩惱即是波浪，毒心即是惡龍，塵勞即是魚鱉，虛妄即是鬼神，三毒即是地獄，愚癡即是畜生，十善即是天堂。無人我，須彌自倒；除邪心，海水竭；煩惱無，波浪滅；毒害除，魚龍絕。自心地上覺性如來，施大智慧光明，照耀六門清淨，照破六欲諸天下，照三毒若除，地獄一時消滅。內外明徹，不異西方。不作此修，如何到彼？」

座下聞說，贊聲徹天，應是迷人了然便見。使君禮拜，贊言：「善哉！善哉！普願法界眾生，聞者一時悟解。」

【白話譯文】

惠能說：「我讓西方即刻顯現在你的眼前，使君你願意看嗎？」

使君禮拜，說：「如果此刻就能見到西方淨土，何需再求往生西方。望大師慈悲，為我們大家顯現西方，善莫大焉。」

惠能說：「就在此刻，我們已經到西方了。如果沒有疑問，就解散吧。」

眾人一時愕然，不知發生了什麼事。

惠能說：「各位，請仔細聽了。我們自己的色身是城，眼耳鼻舌身是城門，外面有五個門，裡面有一個意門。心像大地，本性像君王。本性在的話，君王就在，本性丟失了，君王也就不存在了。本性在的話，身體和精神就存在，本性不在的話，身體和精神也就毀滅了。佛是從自己的本性中求得的，千萬不要向外尋求成佛的方法。自己的本性迷失了，即使是佛，也會變成眾生；自己的本性覺悟了，即使是眾生，也會變成佛。有慈悲的胸懷，就是觀音菩薩，有施捨的情懷，就是勢至菩薩。能夠自我清淨，就是釋迦牟尼佛，能夠平直無礙，就是彌勒佛。分別人我，就是須彌山，邪惡的心念就是海水，煩惱就是波浪，毒心就是惡龍，塵勞就是魚鱉，虛妄就是鬼神，三毒就是地獄，愚癡就會是畜生，十善就是天堂。假如沒有人我的分別，須彌山就會倒下；除掉了毒害，魚龍也就絕跡了。從自己的心地上體驗本性，自己本性的智慧就會大放光明，使六門清淨，能解除六重天的束縛。觀照自己的本性，三毒就會除去，地獄即刻就消失了。本心內外明亮透徹，和西方佛土沒有什麼不同。如果不這樣修行，怎麼能到達西方佛土？」

在座的各位聽後，一片讚歎。就算是迷失的人，也應該有所明白了。使君禮拜說：「願世上聽到大師說法的人，都能立刻悟到佛的真理。」

大師言：「善知識，若欲修行，在家亦得，不由在寺。在寺不修，如西方心惡之人。在家若修行，如東方人修善，但願自家修清淨，即是西方。」

【白話譯文】

惠能說：「各位，想要修行的話，不一定非要出家當和尚，在家裡也可以修行。修行與在家還是出家沒有必然關係，如果出家人在寺廟裡不修行，就像西方也有心地邪惡之人。在家如果能夠修行，就像東方也有行善之人。只要自己修行自己清淨，就是到了西方。」

使君問：「和尚，在家如何修？願為指授。」

大師言：「善知識，惠能與道俗作〈無相頌〉，盡誦取，依此修行，常與惠能一處無別。」頌曰：

說通及心通，如日處虛空，惟傳頓教法，出世破邪宗。

教即無頓漸，迷悟有遲疾，若學頓法門，愚人不可悉。

說即雖萬般，合理還歸一，煩惱暗宅中，常須生慧日。

邪來因煩惱，正來煩惱除，邪正悉不用，清淨至無餘。

菩提本清淨，起心即是妄，淨性於妄中，但正除三障。

世間若修道，一切盡不妨，常見在己過，與道即相當。

色類自有道，離道別覓道，覓道不見道，到頭還自懊。

若欲覓真道，行正即是道，自若無正心，暗行不見道。

若真修道人，不見世間過，若見世間非，自非卻是左。

他非我不罪，我非自有罪，但自去非心，打破煩惱碎。

若欲化愚人，事須有方便，勿令彼有疑，即是菩提現。

法元在世間，於世出世間，勿離世間上，外求出世間。

邪見是世間，正見出世間，邪正悉打卻，菩提性宛然。

此但是頓教，亦名為大乘，迷來經累劫，悟即剎那間。

【白話譯文】

使君問：「大師，在家如何修行呢？請為我們講授。」

惠能說：「各位，我為大家說〈無相頌〉，如果好好誦讀，照此修行，就等於總是和我在一起。頌文是：

因為別人的啟發而領悟，以及自己自發地覺悟，都像太陽懸在虛空一樣，照亮了一切。唯有傳授頓教的道理，出現世間是為了破除邪曲之理。

根本的宗旨沒有什麼頓漸的分別，但人確實有迷與悟的區別，領悟也有快與慢的不同。頓然覺悟的方法，愚癡的人無法洞悉。

說道理的人，用了很多的說法來比喻，所說的其實只有唯一的道理。

在這充滿煩惱的黑暗屋宇中，必須常常讓智慧的太陽升起。

邪曲的心念是因為煩惱而產生，正確的領悟會把煩惱剷除。但歸根究柢，邪曲與正見都不過是我們意識的產物，是虛幻的，必須超越它們，才能達到絕對的清淨境界。

人的智慧本來是清淨的，一旦起了心念求這求那，或者分別這分別那，就會偏離事物的本來面目，而陷於虛妄之中。正確的領悟能夠把各種障礙消除。

如果想在俗世間修道，日常中的一切都不會是妨礙。只要常常見到自己的過錯，就與道相契合。

萬事萬物都有自己的道，不要離開了各自的道去尋求別的什麼道。因為向外尋求道，最後就見不到道，到頭來自己煩惱。

如果要尋求真正的道，只要秉持著你自己的本性坦直而行。如果失去了坦直的心，就像在黑暗中行走，看不見道路。

真正修道的人，從不見別人的過錯，從不怨天尤人。如果眼中只看到別人的過錯，實際上是自己有過錯。

別人錯，我不責怪，自己錯，自己負責。只要能去除不當有的心念，就可以打破煩惱的困擾。

如果想度化愚笨的人，必須有方便的辦法，破除他的疑慮，智慧就顯現了。

佛法本來都在世間，同時又超越世間。你千萬不要脫離世間，到世間之外去尋求佛法。

當你的心充滿邪見的時候，就是墮落於塵世；當你的心充滿正見的時候，就是出離了塵世。把邪正的分別全部破除，宛然間就見到智慧的本性。

這就是頓悟之教，也叫大乘之教。迷失的話，千劫不悟，一世一世地輪回，覺悟的話，剎那之間，就可以得到終究解脫。」

大師言：「善知識，汝等盡誦取此偈，依此偈修行，去惠能千里，常在能邊。依此不修，對面千里遠。各各自修，法不相待。眾人且散，惠能歸曹溪山。眾生若有大疑，來彼山間，為汝破疑，同見佛性。」

合座官僚、道俗，禮拜和尚，無不嗟歎：「善哉大悟，昔所未聞。嶺南有福，生佛在此，誰能得知。」一時盡散。

【白話譯文】

惠能說：「各位，請好好誦讀這首偈，並且遵照修行，即使離開我千里之外，也還是在我的身邊。如果讀了卻不遵照修行，即使在我對面，實際與我相隔千里。請大家各自回去修行，不要虛度光陰。我要回到曹溪山。如果有什麼疑問，可以到山裡去找我，我會為你解除疑惑，一起領悟到佛性。」

所有的人都向惠能大師禮拜，讚歎：「真是太好了，從來沒有受到過這樣透徹的啟迪。實在是我們嶺南有福，想不到有佛菩薩降生於此地。」

然後，大家就各自回去了。

大師住曹溪山，韶、廣二州行化四十餘年。若論門人，僧之與俗，約有三五千人，說不可盡。若論宗旨，傳授《壇經》，以此為依約。若不得《壇經》，即無稟受。須知去處、年月日、姓名，遞相付囑。無《壇經》稟承，非南宗弟子也。未得稟承者，雖說頓教法，未知根本，終不免諍。但得法者，只勸修行。諍是勝負之心，與佛道違背。

世人盡傳南能北秀，未知根本事由。且秀禪師於南荊府當陽縣玉泉寺住持修行，惠能大師於韶州城東三十五里曹溪山住。法即一宗，人有南北，因此便立南北。何以頓漸？法即一種，見有遲疾，見遲即漸，見疾即頓。法無頓漸，人有利鈍，故名漸頓。

【白話譯文】

惠能大師住在曹溪山中，在韶州和廣州傳播佛法四十多年。門下的信徒，在家的和出家的大約有三五千人，不能一一列舉。說到宗旨，以《壇經》作為經典以及傳承的依約。如果不能得到《壇經》並領會它，就說明不是大師的門下。必須知道去處、年月日、姓名，代代相傳。沒有繼承《壇經》的宗旨，就不是南宗的弟子。沒有得到傳承的人，即使去說頓教的方法，也不免會引起爭論。得到頓教教義的人，只要好好修行就可以了。爭論是勝負心在作怪，和佛法相違背。

南方有惠能，北方有神秀，這個說法並不完全正確。而且神秀禪師在南荊府當陽縣玉泉寺主持修行，惠能大師住在韶州城東三十五里的曹溪山。法只有一宗，但人確實分別住在南方和北方，因此，有所謂南北不同的方法。為什麼分頓和漸？法其實只有一種，但領悟佛法確實有快有慢，領悟慢的叫作漸，領悟快的叫作頓。佛法本身哪有頓漸之分？只不過人有敏銳遲鈍的分別，於是，就有漸與頓兩種不同的方法。

神秀師常見人說惠能法疾，直指見路。秀師遂喚門人志誠曰：「汝聰明多智。汝與吾至曹溪山到惠能所，禮拜但聽，莫言吾使汝來。所聽得意旨，記取卻來與吾說，看惠能見解，與吾誰疾遲。汝第一早來，勿令吾怪。」

【白話譯文】

神秀禪師經常聽到人們說惠能的方法使人領悟得比較快，直接指向根本的道路。神秀禪師於是叫來門人志誠，說：「你聰明而且有智慧，我想讓你去一趟曹溪惠能那兒，向惠能禮拜，並認真聽他說法，不要說是我叫你去的。記下你所聽到的，回來告訴我，看看惠能的方法和我的相比，到底誰快誰慢。你儘早回來，不要使我責怪你。」

志誠奉使歡喜，遂行，半月中間，即至曹溪山，見惠能和尚，禮拜即聽，不言來處。志誠聞法，言下便悟，即契本心，起立即禮拜，白言：「和尚，弟子從玉泉寺來。秀師處，不得契悟，聞和尚說，便契本心。和尚慈悲，願當教示。」

【白話譯文】

志誠高興地接受了任務，走了大約半個月，到了曹溪山，見到惠能大師，行過禮後就聽大師說法，並不說明自己從何處而來。志誠聽了惠能的講授，一下子就明白了，契合自己的本性，於是起身禮拜，說：「和尚，弟子是從玉泉寺來的。在神秀禪師的門下，一直沒有覺悟，現在聽到和尚您說法，立即明白了。請和尚慈悲，再為我開導。」

惠能大師言：「汝從彼來，應是細作。」

志誠曰：「不是。」

六祖曰：「何以不是？」

志誠曰：「未說時即是，說了即不是。」

六祖言：「煩惱即是菩提，亦復如是。」

【白話譯文】

惠能大師說：「你從那裡來，應該是奸細。」

志誠說：「不是。」

惠能說：「為什麼說不是呢？」

志誠說：「沒有說的時候是奸細，說出來就不是了。」

惠能說：「煩惱就是菩提，道理和這一樣。」

大師謂志誠曰：「吾聞汝禪師教人唯教戒定慧。汝和尚教人戒定慧如何？當為吾說。」

志誠曰：「秀和尚言戒定慧：諸惡不作名為戒，諸善奉行名為慧，自淨其意名為定。此即名為戒定慧。彼作如是說，不知和尚所見如何？」

【白話譯文】

惠能問志誠：「我聽說你師父教人只教戒、定、慧。是怎麼教的呢？說來我聽聽。」

志誠回答：「神秀師父是這樣說的：不做任何惡事就叫戒，凡是善的就去做叫慧，自己清淨自己的心意叫定。不知道您以為如何？」

惠能和尚答曰：「此說不可思議。惠能所見又別。」

志誠問：「何以別？」

惠能答曰：「見有遲疾。」

【白話譯文】

惠能回答：「你師父的說法不可理解。我的見解和他不一樣。」

志誠問：「有什麼不一樣？」

惠能回答：「人的理解力不一樣，領悟有快有慢。」

志誠請和尚說所見戒定慧。

大師言：「汝聽吾說，看吾所見處：心地無非自性戒，心地無亂自性定，心地無癡自性慧。」

大師言：「汝師戒定慧勸小根智人，吾戒定慧勸上智人，得吾自性，亦不立戒定慧。」

志誠言：「請大師說不立如何？」

大師言：「自性無非無亂無癡，念念般若觀照，常離法相，有何可立？自性頓修，亦無漸次，所以不立。」

志誠禮拜，便不離曹溪山，即為門人，不離大師左右。

【白話譯文】

志誠請惠能解說戒定慧。

大師說：「我的看法是這樣的：心裡面沒有是非，自性就處於戒的境地；心裡面沒有迷亂，自性就處於定的境地；心裡面沒有愚癡，自性就處於慧的境地。」

大師說：「你師父所說的戒定慧適用於悟性不是特別高的人，我所說的戒定慧適用於悟性特別高的人。如果悟到了自己的本性，其實就不必再立什麼戒定慧了。」

志誠說：「請大師解說一下不立是什麼意思？」

大師說：「自己的本性沒有是非、沒有迷亂、沒有愚癡，時時刻刻用智慧去觀照，超越一切表象，有什麼可以立的呢？自性在剎那間悟到並修行，無需漸進的過程，所以不必確立形式上的法則。」

志誠禮拜，成為惠能的門人，再也沒有離開曹溪山，一直侍奉在惠能左右。

又有一僧名法達，常誦《妙法蓮華經》七年，心迷不知正法之處。來至曹溪山，禮拜，問大師言：「弟子嘗誦《妙法蓮華經》七年，心迷不知正法之處，經上有疑。大師智慧廣大，原為除疑。」

【白話譯文】

有一個叫法達的僧人，七年來經常誦讀《妙法蓮華經》，卻還是很迷惑，不知道正確的佛法在哪裡。到了曹溪山，禮拜惠能大師，問：「弟子讀了七年的《妙法蓮華經》，仍然很迷惑，覺得經書上有疑問。大師您具有大智慧，希望能為我解除疑惑。」

大師言：「法達，法即甚達，汝心不達，經上無疑，汝心自疑。汝心自邪，而求正法。吾心正定，即是持經。吾一生已來，不識文字。汝將《法華經》（即《妙法蓮華經》）來，對吾讀一遍，吾聞即知。」

【白話譯文】

大師說：「法達，佛法是很通達的，只是你的心還不通達，經書上並無疑問，是你的心裡有疑問。你的心思還有邪曲的見解，卻要去尋求正法。我的內心正定，就是秉持著佛經。我從出生以來都不認識字，你把《法華經》拿來，讀一遍給我聽，我來告訴你其中的道理。」

法達取經，對大師讀一遍。六祖聞已，即識佛意，便與法達說《法華經》。六祖言：「法達，《法華經》無多語，七卷盡是譬喻因緣。如來廣說三乘，只為世人根鈍；經文分明，無有餘乘，唯有一佛乘。」

【白話譯文】

法達把經書拿來，讀給惠能大師聽。大師聽了，立即知道講的是什麼，便為法達解釋。大師說：「法達，《法華經》說的不多，七卷都是用譬喻來闡述佛法。如來廣為傳播三種成佛的方法（聲聞乘、緣覺乘、菩薩乘），只是為了接引根器愚鈍的眾生；但經書上寫得很清楚，只有唯一的方法，並無其他的方法。」

大師：「法達，汝聽一佛乘，莫求二佛乘，迷卻汝性。經中何處是一佛乘？吾與汝說。經云：諸佛世尊，唯以一大事因緣故，出現於世。此法如何解？此法如何修？汝聽吾說。人心不思本源空寂，離卻邪見，即一大事因緣。內外不迷，即離兩邊。外迷著相，內迷著空，於相離相，於空離空，即是內外不迷。若悟此法，一念心開。出現於世，心開何物？開佛知見。佛猶覺也，分為四門：開覺知見，示覺知見，悟覺知見，入覺知見。開、示、悟、入，從一處入，即覺知見，見自本性，即得出世。」

【白話譯文】

大師說：「法達，你應該信奉唯一的佛法，而不要去求什麼二乘佛，使得自己的本性迷失。經中哪裡是唯一的佛法呢？我說給你聽。經上說：所有的佛都因為一件大事的緣故，出現在世上。這種佛法如何理解呢？如何修行呢？我來告訴你。人的內心不胡思亂想，本原上達到空的境地，脫離邪見，這就是一件大事的緣故。無論內心還是外在，都不執迷，就是超越了分別相。對外迷亂，就會執著於表象，對內迷亂，就會執著於虛空，倘如處於塵世而又超越塵世，處於虛空而又能超越虛空，就是內外都不迷亂。假如明白這個道理，剎那間就可以豁然開朗。顯現在世間，開啟的是什麼呢？是佛的智慧見解。所謂佛就是覺的意思，分為四個方面：開啟覺的智慧，顯示覺的智慧，領悟覺的智慧，進入覺的智慧。開、示、悟、入，雖分四個方面，但關鍵的切入點都是覺的智慧，只有覺的智慧讓我們見到自己的本性，從世間的煩惱中解脫出來。」

大師言：「法達，吾常願一切世人心地常自開佛知見，莫開眾生知見。世人心邪，愚迷造惡，自開眾生知見；世人心正，起智慧觀照，自開佛知見。莫開眾生知見，開佛知見，即出世。」

大師言：「法達，此是《法華經》一乘法，向下分三，為迷人故。汝但依一佛乘。」

大師言：「法達，心行轉《法華》，不行《法華》

轉；心正轉《法華》，心邪《法華》轉；開佛知見轉《法華》，開眾生知見被《法華》轉。」

大師言：「努力依法修行，即是轉經。」

法達一聞，言下大悟，涕淚悲泣，白言：「和尚，實未曾轉《法華》，七年被《法華》轉。已後轉《法華》，念念修行佛行。」

【白話譯文】

大師說：「法達，我希望所有人心中開啟的是佛的智慧見解，而不是眾生的看法。世人心裡面有邪念，愚昧迷失，而且造惡業，當然就只會具有眾生的看法；心裡面正直坦蕩，用智慧去關照一切，自然就會具有佛的智慧見解。不要停留在眾生的看法上，要昇華到佛的智慧見解，就出離世間了。」

大師說：「法達，《法華經》所說，只有唯一的佛法，迷失的人錯以為有三種佛法。你應該依靠唯一的佛法。」

大師說：「法達，用心修行就是真正領會了《法華經》，反之，就只是拘泥於《法華經》；心靈坦直就是真正領會了《法華經》，心靈邪曲就是沒有懂得《法華經》；開啟佛的智慧見解就是真正領會了《法華經》，開啟眾生的看法就是被《法華經》的教條所束縛。」

大師說：「努力按照佛法修行就是真正領會了經書。」

法達聽了，馬上就覺悟了，不禁痛哭起來，說：「和尚，七年來，我一直沒有真正領悟《法華經》，而是被它的文字所束縛。以後我要悟解《法華經》，時刻修行佛法。」

時有一僧名智常，來曹溪山禮拜和尚，問四乘法義。智常問和尚曰：「佛說三乘，又言最上乘。弟子不解，望為教示。」

惠能大師曰：「汝自身心見，莫著外法相。元無四乘法。人心量四等，法有四乘：見聞讀誦是小乘；悟法解義是中乘；依法修行是大乘；萬法盡通，萬行具備，一切不離，但離法相，作無所得，是最上乘。最上乘是最上行義，不在口諍。汝須自修，莫問吾也。」

【白話譯文】

那時有個僧人叫智常，到曹溪山來禮拜惠能，請教四乘法義，說：「佛法中說到有聲聞、緣覺、菩薩三種成佛的方法，又說只有最上乘的方法。我不太理解，請您為我解釋。」

惠能大師說：「要從自己的本性上去發現，不要執著於形式上的東西。佛法本來沒有什麼差別，不存在四種不同的方法。但是，人的心靈確實有四種不同的境地，所以，針對不同的心靈，就有四種方便法門：誦讀或聆聽佛經是小乘；領會佛經的義理是中乘；按照佛法修行是大乘；領悟了各種佛法，透徹地明白了各種現象，具備了一切修行，處於塵世而能出離塵世，在做什麼而又一無所得，自在無礙，是最上乘。最上乘就是最徹底的行為，而非口上說說。你應當自己去修行，不要問我。」

又有一僧名神會，南陽人也，至曹溪山禮拜，問言：「和尚坐禪，見亦不見？」

大師起，把杖打神會三下，卻問神會：「吾打汝，痛不痛？」

神會答曰：「亦痛亦不痛。」

六祖言曰：「吾亦見亦不見。」

神會又問大師：「何以亦見亦不見？」

大師言：「吾亦見（者），常見自過患，故云亦見；亦不見者，不見天地人過罪，所以亦見亦不見也。汝亦痛亦不痛如何？」

【白話譯文】

又有一個僧人叫神會，南陽人，到曹溪山禮拜，問：「和尚您坐禪時，看得見還是看不見？」

惠能起身打了神會三下，問：「我打你，痛還是不痛？」

神會回答：「既痛又不痛。」

惠能便說：「那麼我也是既看得見，又看不見。」

神會又問：「什麼叫既看得見又看不見？」

惠能回答：「我所看到的只是自己的過錯，所以說看得見；所看不見的是天地人的一切罪過。所以說，既看得見又看不見。你說的既痛又不痛是什麼呢？」

神會答曰：「若不痛，即同無情木石；若痛，即同凡夫，即起於恨。」

大師言：「神會，向前，見不見是兩邊，痛不痛是生滅。汝自性且不見，敢來弄人！」

神會禮拜，更不敢言。

大師言：「汝心迷不見，問善知識覓路。汝心悟自見，依法修行。汝自迷不見自心，卻來問惠能見否。吾不自知，代汝迷不得。汝若自見，（豈）代得我迷？何不自修，乃問吾見否？」

神會作禮，便為門人，不離曹溪山中，常在左右。

【白話譯文】

神會回答：「假如不痛，就和無情木石一樣了；假如痛的話，又和凡夫俗子一樣，產生怨恨的心理。」

惠能說：「神會，過來，見與不見是兩種對立的立場，痛與不痛是生滅的過程。你連自己的本性還沒有覺悟到，就敢來賣弄！」

神會禮拜，不敢再說什麼。

惠能接著說：「你自己心裡迷亂，找不到本性，就要向那些覺悟者請教。如果你自己悟解，找到自己的本性了，就按照領悟的佛法修行。你執迷看不到自己的本性，卻來問我有沒有看到。即使我看不到的，也無法取代你的看不到。假如你自己看得到的話，也無法代替我來認識我的本性。為什麼不自己修行，去認識自己的本性，卻要來問我有沒有看見呢？」

神會再次禮拜，並成為門人，不再離開曹溪山，留在惠能大師身邊。

大師遂喚門人法海、志誠、法達、智常、智通、志徹、志道、法珍、法如、神會。大師言：「汝等十弟子近前。汝等不同餘人。吾滅度後，汝（等）各為一方師。吾教汝（等）說法，不失本宗。

舉三科法門，動用三十六對，出沒即離兩邊。說一切法，莫離於性相。若有人問法，出語盡雙，皆取對法，來去相因，究竟二法盡除，更無去處。

三科法門者：陰、界、入。陰是五陰，界是十八界，入是十二入。

何名五陰？色陰、受陰、想陰、行陰、識陰是。何名十八界？六塵、六門、六識。何名十二入？外六塵、中六門。何名六塵？色、聲、香、味、觸、法是。何名六門？眼、耳、鼻、舌、身、意是。法性起六識：眼識、耳識、鼻識、舌識、身識、意識；六門、六塵。自性含萬法，名為含藏識。思量即轉識。生六識，出六門、見六塵，是三六十八。由自性邪，起十八邪；若自性正，起十八正。若惡用即眾生，善用即佛。用由何等？由自性。」

【白話譯文】

惠能叫來門人法海、志誠、法達、智常、智通、志徹、志道、法珍、法如、神會，說：「你們幾個上前來。你們和其他人不一樣。我圓寂以後，你們各在一個地方傳播佛法。現在我來教你們怎樣在宣講佛法時不失本教的宗旨。

首先，要學會三科法門，運用三十六相對法，任何時刻都要超越二元的對立立場。領悟的一切現象，都不要離開自己的本性。如果有人問你們佛法，你們的回答應該語帶雙關，相對地看待一切，前言後語要相輔成，從根本上去除二元對立的分別相，再也不要企圖向別的什麼尋求佛法。

三科法門，就是指陰、界、入這三科。陰即五陰：色、受、想、行、識。界即十八界：六塵、六門、六識。入即十二入：外六塵、中六塵。什麼是六塵？就是色、聲、香、味、觸、法。什麼是六門？就是眼、耳、鼻、舌、身、意。存在本身引發六種認識機能：眼識、耳識、鼻識、舌識、身識、意識；還引發六門、六塵。我們自己的本性包含了所有的佛法，稱作含藏識。一起念頭就可以轉化各種認識機能。起心產生了六識，並從六門裡出離，六塵就顯現了，這就叫十八界。假如我們的本性起了邪念，就會產生十八種邪惡；假如我們的本性起了正念，就會產生十八種正直。被惡念所用就是眾生，被善念所用就是佛。這種起用來自何處呢？來自自己的本性。」

「對。外境無情對有五：天與地對，日與月對，暗與明對，陰與陽對，水與火對。語言法相對有十二對：有為無為對，有色無色對，有相無相對，有漏無漏對，色與空對，動與靜對，清與濁對，凡與聖對，僧與俗對，老與少對，長與短對，高與下對。自性居起用對有十九對：邪與正對，癡與慧對，愚與智對，亂與定對，戒與非對，直與曲對，實與虛對，險與平對，煩惱與菩提對，慈與害對，喜與嗔對，捨與慳對，進與退對，生與滅對，常與無常對，法身與色身對，化身與報身對，體與用對，性與相對。語言法相對有十二對，外境無情有五對，自性居起用有十九對，都合成三十六對法也。」

【白話譯文】

「相對的事物。外境無情有五對：天與地相對，日與月相對，暗與明相對，陰與陽相對，水與火相對。語言法相有十二對：有為與無為相對，有色與無色相對，有相與無相相對，有漏與無漏相對，色與空相對，動與靜相對，清與濁相對，凡與聖相對，僧與俗相對，老與少相對，長與短相對，高與下相對。自性居起用有十九對：邪與正相對，癡與慧相對，愚與智相對，亂與定相對，戒與非相對，直與曲相對，實與虛相對，險與平相對，煩惱與菩提相對，慈與害相對，喜與嗔相對，捨與慳相對，進與退相對，生與滅相對，常與無常相對，法身與色身相對，化身與報身相對，體與用相對，性與相相對。語言法相十二對，外境無情五對，自性居起用十九對，總共加起來有三十六種相對存在的現象。」

「此三十六對法，解用通一切經，出入即離兩邊。如何自性起用、三十六對？共人言語，出外，於相離相；入內，於空離空。著空則惟長無明；著相則惟長邪見。謗法，直言『不用文字』。既云『不用文字』，人不合言語；言語即是文字。自性上說空，正語言本性不空。迷人自惑，語言除故。暗不自暗，以明故暗；明不自明，以暗故明。以明顯暗，以暗顯明，來去相因。三十六對，亦復如是。」

【白話譯文】

「這三十六種相對法，可以用來解讀所有經書，深入領悟就能擺脫極端的偏見。如何從自己的本性上來起用這三十六種相對法？和人交往時，對外，處於現象中而不受現象繫縛；對內，處於空中而不受空繫縛。執著於空，就會陷於迷惑；執著於相，就會產生邪見。有些人曲解佛法，說什麼『不用文字』。如果說連文字都不用，那麼，人就連話都不要說了；話也是文字。從自性上去解說空，正體現了語言的本性不空。迷惑的人自己迷惑，卻以為是語言的緣故。暗不會自己顯現暗，因為有明，所以才有暗；明不會自己顯現明，因為有暗，所以才有明。藉暗來彰顯明，藉明來彰顯暗，相互依存。三十六種相對的現象，也是如此。」

大師言：「十弟子，已後傳法，遞相教授一卷《壇經》，不失本宗。不稟受《壇經》，非我宗旨。如今得了，遞代流行。得遇《壇經》者，如見吾親授。」

十僧得教授已，寫為《壇經》，遞代流行。得者必當見性。

【白話譯文】

惠能說：「你們十個人以後傳播佛法，漸次地教授《壇經》，不要失掉本門的宗旨。不接受《壇經》，就是不接受我這一門的宗旨。現在你們得到了《壇經》，一代一代地傳承下去。凡是有緣接觸到《壇經》的人，就好像見到我親自在講授。」

十個弟子得到惠能的教誨，就把《壇經》用文字寫了下來，以便流傳後代。遇到的人如果用心去領悟，一定會見到自己的本性。

大師先天二年八月三日滅度。七月八日喚門人告別。大師先天元年於新州國恩寺造塔，至先天二年告別。大師言：「汝眾近前，吾至八月欲離世間。汝等有疑早問，為汝破疑，當令迷盡，使汝安樂。吾若去後，無人教汝。」

【白話譯文】

惠能於先天二年八月三日去世。七月八日把門人叫到跟前和他們作別。惠能早在先天元年就已經在新州國恩寺建塔，到第二年建成，於是和眾弟子告別。惠能說：「你們走上前來，我到八月間要離開世間了，如果有什麼疑問，請盡快問，我為你們解除疑惑，使得你們不再迷惑，內心得到安寧。我走了以後，就沒有人教導你們了。」

法海等眾僧聞已，涕淚悲泣，唯有神會不動，亦不悲泣。六祖言：「神會小僧，卻得善不善等，毀譽不動。餘者不得，數年山中，更修何道！汝今悲泣，更憂阿誰？憂吾不知去處在？若不知去處，終不別汝。汝等悲泣，即不知吾去處；若知去處，即不悲泣。性無生滅，無去無來。汝等盡坐，吾與汝一偈：

〈真假動靜偈〉。汝等盡誦取此偈，意與吾同。依此修行，不失宗旨。」

【白話譯文】

法海等弟子聽了，都悲痛不已，只有神會沒有反應，也不悲傷地哭泣。惠能說：「神會小和尚，只有你達到了善不善等一、毀譽不動的境界。其他人還沒有達到，在山裡修行了那麼多年，修到了什麼呢？你們現在哭哭啼啼，為誰憂傷呢？憂傷我死後不知要到哪裡去嗎？如果我不知道要到哪裡去，就不會叫你們來和你們作別了。你們悲哀哭泣，說明你們不知道我要去哪裡；如果知道我要去哪裡，就不會悲哭了。本性沒有生也沒有滅，沒有去也沒有來。你們都坐下，我說一首偈給你們，叫〈真假動靜偈〉。你們好好誦讀，領悟的意思與我的心念一樣。按照這首偈修行，不要偏離根本的旨意。」

僧眾禮拜，請大師留偈，敬心受持。偈曰：

一切無有真，不以見於真，若見於真者，是見盡非真。

若能自有真，離假即心真，自心不離假，無真何處真。

有情即解動，無情即無動，若修不動行，同無情不動。

若見真不動，動上有不動，不動是不動，無情無佛種。

能善分別性，第一義不動，若悟作此見，則是真如用。

報諸學道者，努力須用意，莫於大乘門，卻執生死智。
前頭人相應，即共論佛義，若實不相應，合掌禮勸善。
此教本無諍，若諍失道意，執迷諍法門，自性入生死。

【白話譯文】

眾弟子禮拜，請惠能大師說偈，懷著恭敬的心聽取並秉持。偈是這樣的：

一切並非真實不變，所見到的不一定是真實不變，如果以為所見都真實不變，那你所能見到的只是虛幻。

如果想知道自己內在那真實不變的，離開了假象就能見到；如果自己的心性還沒有出離假象，本身不是真實的，能到何處去尋找真呢？

有生命就會有所動，沒有生命就不會有所動；如果只是修行讓自己不動，那麼就和無生命的東西一樣。

真正的不動，其實是動中蘊含著不動，不動如果只是死寂的不動，就等於沒有了生命，沒有生命，就不會有佛的種子。

善於分別一切事相，在最終的意義上不動，如果能夠領悟，成就這樣的見解，就是真正的本性在如如不動地發揮作用。

告訴各位學道的人，要努力用心領會。不要身處大乘的法門，卻執著於生死的分別心念。

彼此默契，就與他一起共論佛道，彼此沒有默契，就雙手合十，勸他行善就可以了。

這個教是不爭論的，一旦爭論就與佛法相悖。如果執著於理論派別的爭論，自己的本性就淪於生死之途了。

眾僧既聞，識大師意，更不敢諍，依法修行。一時禮拜，即知大師不久住世。上座法海向前言：「大師，大師去後，衣法當付何人？」

大師言：法即付了，汝不須問。吾滅後二十餘年，邪法繚亂，惑我宗旨。有人出來，不惜身命，定佛教是非，豎立宗旨，即是吾正法。衣不合傳。汝不信，吾與誦先代五祖〈傳衣付法頌〉。若據第一祖達摩頌意，即不合傳衣。聽吾與汝誦。頌曰：

【白話譯文】

眾弟子聽了，明白了惠能大師的意思，不敢再爭什麼，只是依照佛法修行。知道大師不久將圓寂，大家再次禮拜，上座法海和尚走到前面說：「師父，您去之後，衣法應當傳給誰呢？」

惠能大師回答：我已經把法囑咐了，不需再問了。我滅度後二十多年，各種邪曲的見解流行，混淆我們的宗旨。會有人出現，不惜身家性命，框定佛教的是是非非，重新確立宗旨，即重新確立正確的成佛方法。

衣不適合再傳下去了。你不信的話，我把先代五祖〈傳衣付法頌〉念給你聽，就明白了。據第一祖師達摩的頌來看，就意味著沒有必要傳衣。聽我念，頌是這樣的——

第一祖達摩和尚頌曰：吾本來唐國，傳教救迷情，一花開五葉，結果自然成。

第二祖慧可和尚頌曰：本來緣有地，從地種花生，當來元無地，花從何處生。

第三祖僧璨和尚頌曰：花種須因地，地上種花生，花種無生性，於地亦無生。

第四祖道信和尚頌曰：花種有生性，因地種花生，先緣不和合，一切盡無生。

第五祖弘忍和尚頌曰：有情來下種，無情花即生，無情又無種，心地亦無生。

第六祖惠能和尚頌曰：心地含情種，法雨即花生，自悟花情種，菩提果自成。

【白話譯文】

第一祖達摩和尚的頌：

我千里迢迢來到唐國，本意只是傳播佛法普度眾生，一朵花盛開成五片葉子，果實自然而然就結成了。

第二祖慧可和尚的頌：

因為有土地，播種於地上就能開花，當原本並無土地之時，花從何處開放呢？

第三祖僧璨和尚的頌：

花的種子因地而生，有土地才有花，但如果花的種子沒有生命性，即使播種在土地上也不會開花。

第四祖道信和尚的頌：

花的種子有生命性，種在地上發芽抽枝，但如果緣分不到，最終還是無法結果。

第五祖弘忍和尚的頌：

靈性已開的人來播種，靈性未開的種子就會發芽，但如果既沒有靈性已開的人來啟導，種子裡又沒有靈性，心地也不會有靈性的花朵開放。

第六祖惠能和尚的頌：

心地含藏一切的種子，當化育的雨水降下來，自己認識到這花的靈性，智慧之果就自然結成。

能大師言：汝等聽吾作二頌，取達摩和尚頌意。汝迷人依此頌修行，必當見性。

第一頌曰：心地邪花放，五葉逐根隨，共造無明業，見被業風吹。

第二頌曰：心地正花放，五葉逐根隨，共修般若慧，當來佛菩提。

六祖說偈已了，放眾生散。門人出外思維，即知大師不久住世。

【白話譯文】

惠能大師說：我借達摩師父的意思，作二首頌給你們。迷惑的人依照這個修行，一定會見到自己的本性。

第一首頌是：心靈的土地上如果開放邪花，花葉就隨著根的性質變化，一起造出種種錯誤，將來一定要承受惡果。

第二首頌是：心靈的土地開放正花，花就隨著根的性質變化，一起修煉般若智慧，將來必得佛的覺悟。

六祖說完偈就讓大家各自回去。大家在外面思考六祖剛才講的，都知道大師不久就要圓寂了。

六祖後至八月三日，食後，大師言：「汝等著位坐，吾今共汝等別。」

法海問言：「此頓教法傳授，從上已來至今幾代？」

六祖言：「初傳授七佛，釋迦牟尼佛第七，大迦葉第八，阿難第九，末田地第十，商那和修第十一，優婆鞠多第十二，提多迦第十三，佛陀難提第十四，佛陀蜜多第十五，脅比丘第十六，富那奢第十七，馬鳴第十八，毗羅長者第十九，龍樹第二十，迦那提婆第二十一，羅睺羅第二十二，僧伽那提第二十三，僧迦耶舍第二十四，鳩摩羅馱第二十五，闍者耶多第二十六，婆修盤多第二十七，摩奴羅第二十八，鶴勒那第二十九，師子比丘第三十，舍那婆斯第三十一，優婆堀多第三十二，僧伽羅第三十三，須婆蜜多第三十四，南天竺國王子第三太子菩提達摩第三十五，唐國僧慧可第三十六，僧璨第三十七，道信第三十八，弘忍第三十九，惠能自身當今受法第四十。」

【白話譯文】

八月三日，惠能吃過飯後，對弟子們說：「你們坐下，我今天要和你們作別。」

法海問：「這個頓教已經傳授了多少代了？」

六祖回答：「最初傳授了七位佛。到釋迦牟尼佛是第七，然後依次是大迦葉第八，阿難第九，末田地第十，商那和修第十一，優婆鞠多第十二，提多迦第十三，佛陀難提第十四，佛陀蜜多第十五，脅比丘第十六，富那奢第十七，馬鳴第十八，毗羅長者第十九，龍樹第二十，迦那提婆第二十一，羅睺羅第二十二，僧伽那提第二十三，僧迦耶舍第二十四，鳩摩羅馱第二十五，者耶多第二十六，婆修盤多第二十七，摩奴羅第二十八，鶴勒那第二十九，師子比丘第三十，舍那婆斯第三十一，優婆堀第三十二，僧伽羅第三十三，須婆蜜多第三十四，南天竺國王子第三太子菩提達摩第三十五，唐國僧慧可第三十六，僧璨第三十七，道信第三十八，弘忍第三十九，惠能自己受法第四十。」

大師言：「今日已後，遞相傳授，須有依約，莫失宗旨。」

法海又曰：「大師今去，留付何法？令後代人如何見佛？」

六祖言：「汝聽，後代迷人但識眾生，即能見佛；若不識眾生，覓佛萬劫不可得也。吾今教汝識眾生見佛，更留〈見真佛解脫頌〉。迷即不見佛，悟者乃見。」

法海願聞，代代流傳，世世不絕。

【白話譯文】

大師說：「今天以後，漸次傳播下去，必須有所依約，不要失去了根本的旨意。」

法海又問：「大師現在要去了，留下什麼法呢？後代的人如何能夠見到佛呢？」

六祖說：「你聽著，後代迷惑的人如果能夠認識眾生，就能體悟到佛性；如果不認識眾生，幾乎永遠不可能找到佛。我現在教你們認識眾生，見到佛性，再留下〈見真佛解脫頌〉。迷失了就見不到佛，覺悟了就見到佛。」

法海願意恭聞大師的頌，並把它記錄下來，代代流傳，不被埋沒。

六祖言：「汝聽，吾與汝說。後代世人，若欲覓佛，但識眾生，即能識佛。佛即緣有眾生，離眾生無佛心。

迷即佛眾生，悟即眾生佛。

愚癡佛眾生，智慧眾生佛。

心險佛眾生，平等眾生佛。

一生心若險，佛在眾生心。

一念悟若平，即眾生自佛。
我心自有佛，自佛是真佛。
自若無佛心，向何處求佛。」

【白話譯文】

六祖說：「你們聽著。後代的人，若想尋找到佛，一定要瞭解眾生，瞭解了眾生，才能瞭解佛。為什麼呢？因為佛是由於眾生才出現的，離開了眾生就沒有了佛心。

迷失的時候，秉具著佛心的人所呈現的只是眾生的心，他只是眾生。覺悟的時候，秉具著眾生之心的人呈現的卻是佛的心，他就是佛。

愚癡的時候，秉具著佛心的人所呈現的只是眾生的心，他只是眾生。智慧的時候，秉具著眾生之心的人呈現的卻是佛的心，他就是佛。

心地險惡的時候，秉具著佛心的人所呈現的只是眾生的心，他只是眾生。心地平等的時候，秉具著眾生之心的人呈現的卻是佛的心，他就是佛。

一輩子心地不平，那麼，佛就藏在眾生的心底，無法顯現，一念之間心地平等，那麼，眾生立即可以成為佛。我的心中有佛，自己心中的佛才是真正的佛。如果自己沒有佛心，又能向什麼地方去尋求佛呢？」

大師言：「汝等門人好住，吾留一頌，名〈自性見真佛解脫頌〉。後代迷人識此頌意，即見自心自性真佛。與汝此頌，吾共汝別。頌曰：

真如淨性是真佛，邪見三毒是真魔。
邪見之人魔在舍，正見之人佛即過。
性中邪見三毒生，即是魔王來住舍。
正見忽除三毒心，魔變成佛真無假。

化身報身及法身，三身元本是一身。
若向身中覓自見，即是成佛菩提因。
本從化身生淨性，淨性常在化身中。
性使化身行正道，當來圓滿真無窮。
婬性本是淨性因，除婬即無淨性身。
性中但自離五欲，見性剎那即是真。
今生若悟頓教門，悟即眼前見世尊。
若欲修行求覓佛，不知何處欲覓真。
若能身中自有真，有真即是成佛因。
自不求真外覓佛，去覓總是大癡人。
頓教法者是西流，救度世人須自修。
今報世間學道者，不於此見大悠悠。」

【白話譯文】

大師說：「你們好好修習，我留給你們一首頌，叫〈自性見真佛解脫頌〉。後代迷失的人領悟了這首頌的意義，就可以把握到自己的本性，從而真正成就佛道。把這首給你們，和你們告別。頌是這樣的：

最終的、不起分別心的本性就是真正的佛，邪曲造作的心念和貪婪、憤恨、愚癡就是真正的魔。

懷著邪曲之見的人，魔鬼就留在他身體裡，有著正確見解的人，佛就會留在他心中。

本性如果染上了邪曲之見，便滋生貪婪、嗔恨、愚癡，成為魔王的住宅。

如果用正確的見解斷然剷除貪婪、憤恨、愚癡之心，魔鬼就變成了佛，真實不虛。

宇宙的本體叫法身，大徹大悟而充滿福慧的佛與菩薩叫報身，世間眾生和森羅萬象叫化身，這三身其實是一身。

如果向自己這融三身為一身的生命裡尋求自悟，就是覺悟成佛的因緣。

我們有形的生命是化身，而我們清淨無分別的最終本性本來就寓含在這化身之中，而且也表現在這化身之中。

化身之中的最終本性使化身行正道，將來得到圓滿的結果則福慧無窮。

情欲原本是清淨的動力，當情欲澄淨，清淨的靈覺之身便脫然而出。只要擺脫本性中眼、耳、鼻、舌、身所帶來的欲望，剎那之間就可以見到真正的本性。

此生如果領悟了頓然覺悟之教，此生就能親眼見到世尊。

如果不明白頓悟之理，卻想用修行的方法尋找佛，你便不知何處才能尋到真正的佛。

如果能在心中自己發現真正的本性，那麼這真正的本性就會引導你成就佛道。

自己不在心中尋求真佛，卻向外找尋，總是一個大癡人。

頓悟之教從西方流傳過來，要救度世人首先要自己修行。

各位學佛的人，這些都已告訴你們了，如果還不能向這裡參悟，就虛度歲月了。」

大師說偈已了，遂告門人曰：「汝等好住，今共汝別。吾去以後，莫作世情悲泣而受人弔問、錢帛，著孝衣，即非聖法，非我弟子。如吾在日一種。一時端坐，但無動無靜，無生無滅，無去無來，無是無非，無住無往，坦然寂靜，即是大道。吾去以後，但依法修行，共吾在日一種。吾若在世，汝違教法，吾住無益。」大師云此語已，夜至三更，奄然遷化。大師春秋七十有六。

【白話譯文】

大師說完偈，就告訴門人：「你們好好修行，我現在和大家告別。我走以後，不要像一般人那樣哭哭啼啼，不要接受人家的弔祭、錢財，也不要身穿孝服。如果這樣做的話，就不合真正的佛法，不是我的弟子。應當像我在世的時候一樣。一時靜靜地坐著，無生無滅，無去無來，無是無非，無住無往，坦然寂靜，是最終的存在。我去以後，只要按照佛法修行，就仍然和我在一起。假如我在世間，而你們違背佛法，那麼，即使我活著也沒有什麼益處。」大師言此語已，夜至三更，奄然遷化。大師春秋七十有六。

大師滅度之日，寺內異香氛氳，數日不散；山崩地動，林木變白，日月無光，風雲失色。八月三日滅度，至十一月迎和尚神坐於曹溪山，葬在龍龕之內。白光出現，直上沖天，三日始散。韶州刺史韋璩立碑，至今供養。

【白話譯文】

惠能大師說完這番話，已經是三更半夜，一下子就走了。那年惠能大師正好七十六歲。惠能大師滅度那天，寺內彌漫著奇異的香味，過了幾天還不散去；山崩地動，樹木變白，日月沒有了光芒，風雲失去了色彩。八月三日滅度，十一月在曹溪山恭迎和尚的神坐，埋葬在龍龕裡面。當時出現白光，直衝上雲霄，三天後才散開。為此，韶州刺史韋璩立了碑紀念，這塊碑至今還被人供養著。

此《壇經》，法海上座集。上座無常，付同學道際；道際無常，付門人悟真；悟真在嶺南曹溪法興寺，現今傳授此法。

如付此法，須得上根智，深信佛法，立於大悲。持此經以為稟承，於今不絕。

和尚本是韶州曲江縣人也。如來入涅槃，法教流東土，共傳無住法，即我心無住。此真菩薩說，真實示行喻，唯教大智人，示旨於凡度。

誓願修行，遭難不退，遇苦能忍，福德深厚，方授此法。如根性不堪，材量不得，雖求此法，達立不得者，不得妄付《壇經》。告諸同道者，令知密意。

【白話譯文】

這部《壇經》是法海上座記錄整理。法海去世，交付給同學道際；道際去世，交付給門人悟真；悟真在嶺南曹溪山法興寺，目前正在傳授這部佛法。

如要託付這部佛法，一定要有上等的智慧，並且誠心向佛，慈悲為懷。秉持這部經書作為一種繼承，到現在沒有斷絕。

和尚原是韶州曲江縣人。如來進入了涅槃，佛法流向東土。一起傳播自在無礙的真理，也就是我的心得到了大自在。這是真正的菩薩所說，實實在在地向我們顯示修行的方法。只教導那些大智慧的人，到凡俗的世間向眾生昭示佛的旨意。

發誓願意修行，遇到艱難絕不退縮，遇到痛苦一定能夠忍耐，福慧德澤深厚才能傳授這部佛法。如果根性無法勝任，才能氣量無法達到，即使尋求這部佛法，也不能隨便託付《壇經》。告訴各位同道的人，讓他們知道其中的深意。

VIEW系列026

生如曇花，你應當歡喜盛開：六祖惠能教你不憂鬱的活法

作者—費勇
主編—邱憶伶
責任編輯—麥可欣
責任企畫—吳宜臻
封面題字—何景窗
封面設計—十六設計
董事長
總經理—趙政岷
總編輯—李采洪
出版者—時報文化出版企業股份有限公司
一〇八〇三 臺北市和平西路三段二四〇號三樓
發行專線—（〇二）二三〇六—六八四二
讀者服務專線—〇八〇〇—二三一—七〇五・（〇二）二三〇四—七一〇三
讀者服務傳真—（〇二）二三〇四—六八五八
郵撥—一九三四—四七二四時報文化出版公司
信箱—臺北郵政七九～九九信箱
時報悅讀網—http://www.readingtimes.com.tw
讀者服務信箱—newstudy@readingtimes.com.tw
時報出版愛讀者粉絲團—http://www.facebook.com/readingtimes.2
法律顧問—理律法律事務所 陳長文律師、李念祖律師
印刷—盈昌印刷有限公司
初版一刷—二〇一四年九月十二日
定價—新臺幣二八〇元

⊙行政院新聞局局版北市業字第八〇號

國家圖書館出版品預行編目(CIP)資料

生如曇花,你應當歡喜盛開：六祖惠能教你不憂鬱的活法 / 費勇著. -- 初版. -- 臺北市：時報文化, 2014.09
面； 公分. --（VIEW系列；26）
ISBN 978-957-13-6068-3（平裝）

1.六祖壇經 2.禪宗 3.佛教修持

226.65 103016928

ISBN 978-957-13-6068-3
Printed in Taiwan

本書繁體版由東麦吳怀尧工作室授權出版